常见别字辨析手册

楚山孤 著

上海文化出版社
上海咬文嚼字文化传播有限公司

前 言

通常说的错字,是一个广义的概念,既包括错字,也包括别字。错字是无中生有,在工具书里压根儿就查不到;别字是张冠李戴,本该用这一个字的,却用了那一个字。

考察用字情况,别字又可分为两种:偶见别字和常见别字。所谓偶见别字,是这一种错法,一般比较少见,有它的偶然性;而识别的难度并不大,稍有汉字知识的人,一眼便能看出。防止这类别字,主要靠端正用字态度,同时要严格审校制度。

常见别字,顾名思义,发生的概率是比较高的。这类别字,大多有隐蔽性。张三错了,李四也会错;今天错了,明天还会错。有时明知有错,却不知错在哪里。究其出错的原因,或者是为读音干扰;或者是为字形困惑;更多的时候,是字义辨别不清;也有的是对简繁字、正异字缺乏了解。这类别字,在相当程度上,反映了一个人的用字水平。

本书重点关注的,是常见别字。

作为一本实用性的准工具书,本书在辨析时,注意从实际出发，不求体例统一。比如因字音出错的，重点介绍读音；因字形出错的，重点辨析字形。总之，问题出在哪里，笔墨就用在哪里。文字力求简练，但为了把问题说透，让读者印象深刻，有时也会不厌其详。

为了便于检索，本书别字和正字并出，以正字的汉语拼音首字母为序排列。书后附有笔画索引。

别字变化多端，辨析有相当难度。编者才疏学浅，难免有疏漏、错讹之处，还请读者朋友不吝指教。

A

蔼：和霭/和蔼 /001
昧：暧昧/暧昧 /002
安：按装/安装 /002
黯：暗然泪下/黯然泪下 /003
鳌：独占鳌头/独占鳌头 /004

B

拜：甘败下风/甘拜下风 /004
帮：四人邦/四人帮 /005
镑：镑秤/磅秤 /006
抱：报憾/抱憾 /007
暴：自抱自弃/自暴自弃 /007
毖：惩前毙后/惩前毖后 /008
婢：奴颜卑膝/奴颜婢膝 /008
裨：稗益/裨益 /009
碧：金壁辉煌/金碧辉煌 /010
蔽：蒙敝/蒙蔽 /010

砭：针贬/针砭 /011
变：节哀顺便/节哀顺变 /012
濒：频临/濒临 /012
拨：拔冗/拨冗 /013
亳：毫州/亳州 /014
舶：泊来品/舶来品 /014
博：赌搏/赌博 /015
搏：脉膊/脉搏 /016
薄：单簿/单薄 /016
擘：巨擎/巨擘 /017

C

璨：璀灿/璀璨 /018
仓：仑库/仓库 /018
沧：苍桑/沧桑 /019
谗：馋言/谗言 /020
蝉：貂婵/貂蝉 /020
偿：得不尝失/得不偿失 /021

澈：清沏/清澈 /022	戴：带袖章/戴袖章 /037
晨：寥若辰星/寥若晨星 /022	戴：感恩载德/感恩戴德 /037
成：相辅相承/相辅相成 /023	眈：虎视耽耽/虎视眈眈 /038
弛：松驰/松弛 /024	惮：肆无忌殚/肆无忌惮 /039
忡：忧心冲冲/忧心忡忡 /024	嫡：谪亲/嫡亲 /039
筹：一愁莫展/一筹莫展 /025	砥：坦荡如坻/坦荡如砥 /040
丑：醜角/丑角 /026	谛：真缔/真谛 /041
刍：雏议/刍议 /026	玷：坫污/玷污 /041
厨：橱房/厨房 /027	惦：掂挂/惦挂 /042
绌：相形见拙/相形见绌 /028	掉：吊书袋/掉书袋 /042
川：穿流不息/川流不息 /028	叠：重迭/重叠 /043
囱：烟囱/烟囱 /029	牒：通谍/通牒 /044
椿：桩树/椿树 /030	鼎：大名顶顶/大名鼎鼎 /045
辍：缀学/辍学 /031	度：渡假村/度假村 /046
雌：信口齿黄/信口雌黄 /031	断：肝肠寸段/肝肠寸断 /046
刺：剌耳/刺耳 /032	敦：温柔钝厚/温柔敦厚 /047
窜：抱头鼠蹿/抱头鼠窜 /033	**F**
粹：精萃/精粹 /033	发：美發廳/美髮廳 /048
磋：切蹉/切磋 /034	繁：删烦就简/删繁就简 /048
沓：一搭/一沓 /035	范：就犯/就范 /049
D	妨：防碍/妨碍 /050
待：以逸代劳/以逸待劳 /035	绯：诽闻/绯闻 /050
贷：严惩不怠/严惩不贷 /036	斐：文采蜚然/文采斐然 /051

分：劳燕纷飞/劳燕分飞	/052	衮：兖兖诸公/衮衮诸公	/066
份：分额/份额	/052	果：食不裹腹/食不果腹	/067
风：麻疯病/麻风病	/053	**H**	
肤：切腹之痛/切肤之痛	/053	涵：含泳/涵泳	/068
跌：跌坐/趺坐	/054	捍：悍卫/捍卫	/069
扶：抚老携幼/扶老携幼	/055	颔：颌联/颔联	/069
辐：幅射/辐射	/056	撼：震憾/震撼	/070
驸：附马/驸马	/056	瀚：浩翰/浩瀚	/071
副：一幅对联/一副对联	/057	皓：浩月当空/皓月当空	/072
覆：天翻地复/天翻地覆	/058	合：凑和/凑合	/072
G		阖：阂家/阖家	/073
赅：言简意骇/言简意赅	/058	亨：大享/大亨	/074
概：气慨/气概	/059	后：皇天厚土/皇天后土	/074
秆：麦杆/麦秆	/060	候：侯车室/候车室	/075
工：异曲同功/异曲同工	/061	涣：焕然冰释/涣然冰释	/076
躬：事必恭亲/事必躬亲	/061	肓：病入膏盲/病入膏肓	/077
觚：率尔操瓢/率尔操觚	/062	隍：城皇庙/城隍庙	/077
股：悬梁刺骨/悬梁刺股	/062	诙：恢谐/诙谐	/078
鼓：一股作气/一鼓作气	/063	彗：慧星/彗星	/078
榖：谷树皮/榖树皮	/064	喙：不容置啄/不容置喙	/079
冠：官盖相望/冠盖相望	/065	**J**	
犷：粗旷/粗犷	/065	乩：扶乱/扶乩	/080
桂：贵冠/桂冠	/066	嵇：稽康/嵇康	/080

3

跻：	挤身/跻身	/081		金：	一诺千斤/一诺千金	/096
箕：	其踞/箕踞	/082		兢：	竞竞业业/兢兢业业	/096
及：	迫不急待/迫不及待	/082		阱：	陷井/陷阱	/097
即：	既使/即使	/083		儆：	以敬效尤/以儆效尤	/098
笈：	负芨/负笈	/084		胫：	不径而走/不胫而走	/098
辑：	编缉/编辑	/084		竞：	竟技/竞技	/099
瘠：	贫脊/贫瘠	/085		阄：	抓阉/抓阄	/100
计：	空城记/空城计	/086		雎：	关关睢鸠/关关雎鸠	/100
伎：	技俩/伎俩	/086		咀：	诅嚼/咀嚼	/101
既：	一如继往/一如既往	/087		具：	家俱/家具	/102
济：	挤挤一堂/济济一堂	/087		诀：	决窍/诀窍	/102
浃：	汗流夹背/汗流浃背	/088		镢：	镢铄/镢铄	/103
戛：	嘎然而止/戛然而止	/088		竣：	峻工/竣工	/104
菅：	草管人命/草菅人命	/089		**K**		
拣：	挑肥捡瘦/挑肥拣瘦	/090		炕：	坑席/炕席	/104
睑：	眼脸/眼睑	/090		棵：	一颗树/一棵树	/105
箭：	明枪暗剑/明枪暗箭	/091		窠：	不落巢臼/不落窠臼	/106
鉴：	签赏/鉴赏	/092		抠：	扣字眼/抠字眼	/106
佼：	姣姣者/佼佼者	/092		库：	石窟门/石库门	/107
矫：	娇揉造作/矫揉造作	/093		侩：	市狯/市侩	/108
脚：	挖墙角/挖墙脚	/094		脍：	烩炙人口/脍炙人口	/108
截：	直接了当/直截了当	/094		匮：	馈乏/匮乏	/109
藉：	狼籍/狼藉	/095		篑：	功亏一溃/功亏一篑	/110

壶：壶奥/壶奥　　　　　/110	麟：凤毛鳞角/凤毛麟角　/125
L	泠：西冷印社/西泠印社　/126
蜡：打腊/打蜡　　　　　/111	凌：零晨/凌晨　　　　　/127
赖：死皮癫脸/死皮赖脸　/112	零：另售/零售　　　　　/127
蓝：兰天白云/蓝天白云　/113	龄：年令/年龄　　　　　/128
斓：斑烂/斑斓　　　　　/113	龙：水笼头/水龙头　　　/129
览：一揽表/一览表　　　/114	垆：当炉卖酒/当垆卖酒　/129
滥：陈词烂调/陈词滥调　/115	戮：杀戳/杀戮　　　　　/130
郎：法朗/法郎　　　　　/115	挛：痉孪/痉挛　　　　　/131
羸：赢弱/羸弱　　　　　/116	轮：美仑美奂/美轮美奂　/131
愣：发楞/发愣　　　　　/116	啰：罗唆/啰唆　　　　　/132
李：行礼箱/行李箱　　　/117	萝：罗卜干/萝卜干　　　/132
里：鞭辟入理/鞭辟入里　/118	络：脉胳/脉络　　　　　/133
里：故裏/故里　　　　　/118	**M**
力：鼎立相助/鼎力相助　/119	马：蛛丝蚂迹/蛛丝马迹　/134
厉：再接再励/再接再厉　/120	昴：昂星/昴星　　　　　/134
连：黄莲/黄连　　　　　/120	昧：素味平生/素昧平生　/135
联：连席会议/联席会议　/121	袂：联抉/联袂　　　　　/136
炼：锻练/锻炼　　　　　/122	迷：谜宫/迷宫　　　　　/136
梁：黄粱美梦/黄粱美梦　/123	靡：萎糜不振/萎靡不振　/137
两：老俩口/老两口　　　/123	蜜：密月/蜜月　　　　　/138
寥：廖廖无几/寥寥无几　/124	绵：丝棉/丝绵　　　　　/138
瞭：了望/瞭望　　　　　/125	丏：夏丐尊/夏丏尊　　　/139

5

涵：	沉缅/沉涵	/140	圮：	倾圯/倾圮	/153
描：	扫瞄/扫描	/140	频：	视屏/视频	/154
蔑：	篾视/蔑视	/141	平：	凭添/平添	/154
明：	名信片/明信片	/142	蘋：	青萍/青蘋	/155
瞑：	暝目/瞑目	/142	抔：	一杯黄土/一抔黄土	/156
摩：	观摹/观摩	/143	Q		
墨：	默守成规/墨守成规	/144	岐：	芪黄/岐黄	/156
拇：	大姆指/大拇指	/144	其：	出奇不意/出其不意	/157
募：	招幕/招募	/145	其：	两全齐美/两全其美	/158
N			耆：	薯宿/耆宿	/158
衲：	老纳/老衲	/146	讫：	起迄/起讫	/159
黏：	粘度/黏度	/146	汽：	气船/汽船	/160
O			葺：	修茸/修葺	/160
讴：	呕歌/讴歌	/147	洽：	融恰/融洽	/161
呕：	沤心沥血/呕心沥血	/148	谴：	遣责/谴责	/162
耦：	藕合/耦合	/148	缲：	撬边/缲边	/162
P			青：	亲睐/青睐	/163
槃：	涅磐/涅槃	/149	清：	山青水秀/山清水秀	/163
庖：	越俎代疱/越俎代庖	/150	顷：	倾刻/顷刻	/164
炮：	如法泡制/如法炮制	/150	罄：	磬竹难书/罄竹难书	/165
佩：	配戴/佩戴	/151	驱：	长趋直入/长驱直入	/165
怦：	砰然心动/怦然心动	/152	诠：	铨释/诠释	/166
篷：	帐蓬/帐篷	/152	券：	入场卷/入场券	/167

阕：一阙歌/一阕歌	/167	栓：血拴/血栓	/181
鹊：声名雀起/声名鹊起	/168	妁：媒灼/媒妁	/182
R		烁：闪灼其词/闪烁其词	/183
攘：熙熙嚷嚷/熙熙攘攘	/169	铄：众口砾金/众口铄金	/183
扰：干挠/干扰	/170	蛳：炒螺丝/炒螺蛳	/184
韧：发韧/发韧	/170	厮：撕杀/厮杀	/184
糅：揉合/糅合	/171	凇：雾淞/雾凇	/185
S		粟：沧海一栗/沧海一粟	/186
瘙：搔痒病/瘙痒病	/171	溯：追朔/追溯	/186
潸：潜然泪下/潸然泪下	/172	祟：鬼鬼崇崇/鬼鬼祟祟	/187
赡：瞻养/赡养	/173	遂：顺逐/顺遂	/188
赏：欣尝/欣赏	/173	邃：深邈/深邃	/189
慑：震摄力/震慑力	/174	T	
生：谈笑风声/谈笑风生	/174	薹：蒜苔/蒜薹	/189
使：见风驶舵/见风使舵	/175	袒：坦胸露臂/袒胸露臂	/190
世：人情事故/人情世故	/176	炭：木碳/木炭	/191
士：人仕/人士	/176	蹚：淌过河去/蹚过河去	/191
恃：有持无恐/有恃无恐	/177	啕：嚎淘/嚎啕	/192
是：各行其事/各行其是	/178	縢：黄滕酒/黄縢酒	/193
手：额首称庆/额手称庆	/178	题：金榜提名/金榜题名	/193
受：授权声明/受权声明	/179	帖：发贴/发帖	/194
殊：孰不知/殊不知	/180	曈：瞳瞳日/曈曈日	/195
戍：戍边/戍边	/181	投：走头无路/走投无路	/195

涂：	生灵屠炭/生灵涂炭	/196	暄：寒喧 /寒暄	/210
荼：	如火如茶/如火如荼	/197	旋：弦律/旋律	/211
籴：	油籴花生/油籴花生	/197	炫：眩耀/炫耀	/212
佗：	华陀/华佗	/198	雪：报仇血恨/报仇雪恨	/212
砣：	秤陀/秤砣	/199	询：欧阳洵/欧阳询	/213
W			徇：循私/徇私	/213
骛：	好高鹜远/好高骛远	/200	**Y**	
X			鸦：信手涂鸭/信手涂鸦	/214
蹊：	另辟溪径/另辟蹊径	/200	檐：帽沿/帽檐	/215
榍：	炒木须/炒木榍	/201	赝：膺品/赝品	/215
徙：	迁徒/迁徙	/202	杨：水性扬花/水性杨花	/216
瑕：	洁白无暇/洁白无瑕	/202	遥：摇控/遥控	/216
袄：	袄教/袄教	/203	杳：沓无音信/杳无音信	/217
向：	响往/向往	/204	揖：开门楫盗/开门揖盗	/218
宵：	肖小/宵小	/204	已：不能自己/不能自已	/218
萧：	肖山/萧山	/205	倚：依马可待/倚马可待	/219
霄：	九宵/九霄	/206	异：意想天开/异想天开	/220
邪：	歪门斜道/歪门邪道	/206	抑：亦或/抑或	/221
泻：	上吐下泄/上吐下泻	/207	绎：演译/演绎	/222
荥：	荣阳/荥阳	/208	诣：苦心孤脂/苦心孤诣	/222
形：	外型/外形	/208	弈：奕棋/弈棋	/223
省：	反醒/反省	/209	肄：肆业/肄业	/224
宣：	渲泄/宣泄	/210	喑：万马齐暗/万马齐喑	/224

印：心心相映/心心相印	/225		栀：桅子花/栀子花	/242
颖：临颖/临颖	/226		职：各司其责/各司其职	/243
尤：怨天忧人/怨天尤人	/227		趾：指高气扬/趾高气扬	/243
犹：过尤不及/过犹不及	/228		制：因地治宜/因地制宜	/244
盂：孟兰盆会/盂兰盆会	/228		炙：灸手可热/炙手可热	/244
竽：滥芋充数/滥竽充数	/229		州：九洲/九州	/245
渔：竭泽而鱼/竭泽而渔	/230		胄：胃裔/胄裔	/246
圆：园圈/圆圈	/231		皱：绉纹/皱纹	/246
源：世外桃园/世外桃源	/232		铢：锱珠必较／锱铢必较	/247
源：左右逢缘/左右逢源	/232		麈：挥尘/挥麈	/248
云：子曰诗雲/子曰诗云	/233		炷：一柱香/一炷香	/249
陨：殒落/陨落	/234		疰：蛀夏/疰夏	/249
Z			笫：床第之私/床笫之私	/250
赃：脏款/赃款	/234		恣：姿意妄为/恣意妄为	/250
躁：暴燥/暴躁	/235		纂：编篡/编纂	/251
咋：咂舌/咋舌	/236		坐：做月子/坐月子	/252
崭：展露头角/崭露头角	/236		坐：乘座/乘坐	/252
蘸：醮水/蘸水	/237			
障：屏嶂/屏障	/238		笔画索引	/254
蛰：蜇伏/蛰伏	/239			
鸩：饮鸠止渴/饮鸩止渴	/240			
振：震聋发聩/振聋发聩	/240			
帧：装祯／装帧	/241			

蔼：和霭/和蔼

【病例】和霭可亲的马老师，正在讲台上侃侃而谈。

【诊断】音同形似致误。

【辨析】"和霭"应为"和蔼"。"蔼"和"霭"读音均为ǎi，字形又很相似，但字义有别。"蔼"是草字头，"蔼蔼"可以用来形容草木繁盛，大自然的这种生机蓬勃的景象，自能让人赏心悦目。所以"蔼"可以用来表示亲切、和气。也有另一种说法，"蔼"是一个会意字，从言从葛。"葛"是藤本植物，藤条柔软细长。说话如"葛"一般，自然会有一种亲和力，容易让人亲近。"霭"是雨字头，汉字中以"雨"为形符的，大都和天气有关，如雾、雪、霁、雹，"霭"也是其中之一，构成的词有云霭、暮霭等等。"霭"和待人接物无关。

藤本植物——葛

暧：暧昧/暖昧

【病例】从沈明暖昧的眼神里，小蕾猜度：是不是他想对我暗示什么？

【诊断】形似致误。

【辨析】"暖昧"应为"暧昧"。"暧"和"暖"形符均为"日"，字义和日光有关，但声符不同，前者是"爱"，后者是"爰"。"暧"，音ài，义为日光昏暗。陶渊明《归园田居》："暧暧远人村，依依墟里烟。""暧暧"即黄昏时的村子显得昏暗不明的样子。"暧昧"一词，义为含糊、隐晦、不明确，如"态度暧昧"；或是行为不光明、不可告人，如"关系暧昧"。"暖"本写作"煖"，一个从日，一个从火，都和热量有关，义为暖和、温暖。不论是哪一种写法，其声符不变，和"爱"相比，当中是一横不是秃宝盖。

安：按装/安装

【病例】县里的按装队早就到了，谁知发生了这一意外情况，只能推迟开工。

【诊断】音近义混致误。

【辨析】"按装"应为"安装"。"安"和"按"读音均为an，但声调有别，一为阴平，一为去声。"安"本为形容词，义为安定；引申用作动词，义为使安定。既可以使人安定，如"安顿"，让人有合适的处境；也可以

使物安定,如"安装",让物有固定的位置。提手旁的"按",《说文》的解释是:"下也,从手安声。"段玉裁在注释时特意强调,"下"是"以手抑之使下也",即用手往下揿。"安装"必须按照一定的设计要求,运用一定的技术手段施工,当然不是用手揿一下便能解决问题的。"安电灯"是装上电灯,"按电灯"是开或关电灯。可见"安"和"按"是不能混为一谈的。

黯:暗然泪下/黯然泪下

【病例】大年初五一早,我拉着母亲的手和她老人家告别,母亲用她那无助的眼神紧紧盯着我,我不由得暗然泪下。

【诊断】音同义混致误。

【辨析】"暗然泪下"应为"黯然泪下"。"黯"和"暗"读音均为àn,都可形容光线微弱昏暗。主要有两点区别:一是在现代汉语中,"黯"字一般不单独使用,如"月明星暗",现代汉语不宜写作"月明星黯"。二是由自然

暧暧远人村

光线的暗淡,"黯"可引申指心情的沮丧低落,如"黯然泪下、黯然神伤"。"暗"则可引申指手段的不公开、不光明,如"明查暗访、明争暗斗"。

螯:独占鳌头/独占鳌头

【病例】在全区中学生化学竞赛中,一中的姚明强同学独占螯头。

【诊断】音同形似致误。

【辨析】"独占螯头"应为"独占鳌头"。"螯"和"鳌"读音均为áo,字形的区别是前者的形符是"虫",后者的形符是"鱼"。"螯"指螃蟹等节肢动物的第一对脚,即通常所说的"蟹钳"。荀子《劝学篇》:"蟹六跪而二螯,非蛇鳝之穴无可寄托者,用心躁也。""二螯"即蟹的形似钳子的第一对脚。"鳌"则是传说中的海里的大龟或大鳖。在古代的皇城中,通向宫殿的石阶上,有鳌头石雕。科举时代,新科状元有资格立在鳌头处迎榜,因此中状元便被称为"独占鳌头"。科举时代虽然早已结束,但这条成语仍有生命力,可泛指在竞争中夺得首位者。"螯"是无所谓头的。

拜:甘败下风/甘拜下风

【病例】陈科长的棋艺在厂里首屈一指,但碰到这样

一位高人,只能甘败下风。

【诊断】词义误解致误。

【辨析】"甘败下风"应为"甘拜下风"。"下风"即风向的下方。"上风"和"下风"常用来比喻有利和不利,优势和劣势。"甘拜下风"即自愿迎风站在不利地位、劣势地位,向对方行礼参拜,表示心悦诚服地认输。这里的"拜"是一种礼节,通过"拜"表明自己的态度。因为这一成语只用于失败者、技不如人者,在这一意义的暗示下,有人把"礼拜"的"拜"理解成了"失败"的"败",从而导致误写。

帮:四人邦/四人帮

【病例】毛主席的这两招棋,非常英明,为我们解决"四人邦"问题奠定了基础。

【诊断】音同义混致误。

【辨析】"四人邦"应为"四人帮"。"帮"为形声字,从巾邦声。本义指鞋帮,引申指物体的两边或四周的构成部分,如船帮、车帮、桶帮。

传说中形似龟或鳖的鳌

鞋帮之类有辅助作用，故"帮"有帮助义。相帮者往往是同伙，由此又引申出帮派义，如丐帮、马帮、青帮、红帮。"四人帮"也不例外。"邦"为会意字，甲骨文字形为田上植树，会以树为界之意。故"邦"的本义指古代诸侯的封国，引申指国家，如邦交、邦联、治国安邦。

磅：镑秤/磅秤

【病例】为了便民，社区新装修的菜市场门口，安放了一架镑秤。每天买好菜的老太太们常喜欢在那儿把一样样的菜过一过秤。

【诊断】音同形似致误。

【辨析】"镑秤"应为"磅秤"。"镑"为形声字，本义为砍削，故形旁从"金"。现作译音用字，为货币单位，除英国用"镑"外，还有好几个国家，如爱尔兰、叙利亚、埃及、约旦等国的货币也称为"镑"。"磅"也是形声字，本为拟声词，形容石头滚落的声音，读音为pāng。现也作译音用字，为重量单位，读音为bàng。英制16盎司为一磅，合0.4536千克。"磅秤"是一种台秤，最初以"磅"为计量单位，故名。"镑"和"磅"在英语中是同一个词"pound"，但汉语中读音虽相同，字义却不同，不能混为一谈。

抱：报憾/抱憾

【病例】这是一场激烈的竞赛，3号仅以一票之差报憾出局。

【诊断】音同义混致误。

【辨析】"报憾"应为"抱憾"。"抱"为会意兼形声字，从手从包，包亦表声。义为以手包围，如"犹抱琵琶半遮面"。由实指而虚指，指心中存有，如抱恨、抱歉、抱屈。"报"和"抱"虽同音，均读bào，但字义不同，"报"有回应义，如"以德报怨"，以仁德回报别人怨恨。所谓"抱憾"，是心中存有遗憾，不是回报别人遗憾。

暴：自抱自弃/自暴自弃

【病例】年轻意味着责任，意味着希望，意味着未来，怎么能遇到一点挫折就自抱自弃呢？

【诊断】词义误解致误。

【辨析】"自抱自弃"应为"自暴自弃"。纠错的关键，是要正确理解这个"暴"字。这则成语出自《孟子·离娄上》："言非礼义，谓之自暴也；吾

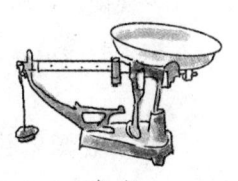

磅秤

身不能居仁由义,谓之自弃也。""自暴"即自己糟蹋自己,"自弃"即自己抛弃自己。孟子说这句话的意思是,一个人的言行若背离仁义道德标准,就无异于自甘堕落。这里的暴、弃都具有明显的消极倾向。"自暴自弃"的"暴",就是"暴殄天物"的"暴",都有糟蹋的意思。把"暴"理解为"暴露"的"暴"是错误的,误为"抱持"的"抱"更是错误的。

毖:惩前毙后/惩前毖后

【病例】大家伙纷纷表示:出事的原因是制度缺失,为了惩前毙后,一定要从制订和完善制度开始。

【诊断】音同形似致误。

【辨析】"惩前毙后"应为"惩前毖后"。"毙"和"毖"读音均为bì,两字上半部分构件相同,下半部分一为义符"死",一为声符"必"。"毙"的繁体字为"斃",最初的写法是"獘",从犬敝声,以犬倒于地上,表示仆倒义,后引申指死亡。如"多行不义必自毙"。"毖",《说文》的解释是:"慎也。"义为谨慎或使谨慎,所谓"惩前毖后",就是吸取以前的教训,以后小心谨慎,不要重蹈覆辙;不是惩罚前面,枪毙后面。

婢:奴颜卑膝/奴颜婢膝

【病例】宋高宗在位时,君臣十分昏庸,敌人攻打进

来时,那些人在敌人面前奴颜卑膝、屈膝投降。

【诊断】词义误解致误。

【辨析】"奴颜卑膝"应为"奴颜婢膝"。两字读音不同,词性有别。"卑",音bēi,形容词;"婢",音bì,名词。"卑",义为地位低下或品质低劣。"婢"的本义为婢女。《说文》中解释:"婢,女之卑者也。""奴颜婢膝"的字面意义是奴才的脸面婢女的膝盖,指表情和动作奴才相十足。形容对人拍马讨好卑鄙无耻的样子。其中"奴"和"婢"相对。错写成"奴颜卑膝",大概是因为受到了"婢"的地位卑下的影响。

裨:稗益/裨益

【病例】学习全球500强企业先进的管理理念,对于改进工作是大有稗益的。

【诊断】形似致误。

【辨析】"稗益"应为"裨益"。"裨",音bì。本义是指做衣服时,

稗子

料子短缺，用别的布帛来接续，故其字为衣字旁。后引申指帮助、助益，如"无裨于事""大有裨益"。"稗"，音bài，是田里的害草，俗称稗子，故其字为禾字旁。因稗子的籽实很小，通常可用来比喻微小、琐碎的对象，如"稗官野史"。"稗"和益处无关。

碧：金壁辉煌/金碧辉煌

【病例】走进展览大厅，只见装饰一新，金壁辉煌。

【诊断】音同义混致误。

【辨析】"金壁辉煌"应为"金碧辉煌"。"碧"的本义为青绿色的玉石，引申为青绿色。"璧"的本义指古代的一种礼器，它用玉制成，形状扁而圆，中间有孔。所谓"金碧辉煌"，既和金子无关，也和璧玉无关。这里的"金"和"碧"，指中国画中的两种代表性的颜料：泥金和石绿。成语是用这两种颜料来代表华丽的装饰和鲜艳的色彩。

蔽：蒙敝/蒙蔽

【病例】在大是大非面前，不应被网络谣传所蒙敝，而应始终保持清醒的头脑。

【诊断】音同形似致误。

【辨析】"蒙敝"应为"蒙蔽"。"敝"是一个会意字，从甲骨文的字形看，左面从巾，代表衣物，上面

还有破洞；右面是以手持棍。其本义为破旧、破烂，如视如敝屣、敝帚自珍。故可用作谦词，如敝姓、敝校。"蔽"是一个形声字，从草敝声。其本义指小草。由小草覆盖地面，引申指遮盖，如"遮天蔽日"。"蒙蔽"义为隐瞒真相，使人上当。只有遮盖了才能蒙蔽，所以"蔽"不能写成"敝"。

砭：针贬/针砭

【病例】文坛浮躁成风，他曾写过一篇长文，对此作了尖锐的针贬。

【诊断】音近义混致误。

【辨析】"针贬"应为"针砭"。"砭"，音biān，指古人用来治病的石针。明代有个叫张萱的说过："针本以石为之，名曰砭，后世乃易以金耳。"故"砭"为石旁，"针"为金旁。古籍中提及的"药石"，其中"石"就是指"砭"，而非金石之"石"。"针砭"可作名词，如"痛下针砭"；也可作动词，如"针砭时弊"。"贬"，音biǎn，从贝，本义指减少，引申指给予

小篆"蔽"

低的评价，如贬低、贬抑、贬损。而凡"针砭"皆有批评义，也许正是这一意义上的联系，导致砭、贬不分。

变：节哀顺便 / 节哀顺变

【病例】当天下午，她便接到了陈哥发来的唁电："惊闻伯母仙逝，不胜哀痛之至。还望节哀顺便，过好自己的生活。"

【诊断】音同致误。

【辨析】"节哀顺便"应为"节哀顺变"。节哀，节制悲哀；顺变，顺应变故。语出《礼记·檀弓下》："丧礼，哀戚之至也；节哀，顺变也，君子念始之者也。""始之者"，汉代郑玄注为生之者。这句话的意思是：父母过世，自是极其悲伤的事情；但悲伤要有节制，要顺应这个变故，因为生你养你的父母，也是不希望你过度悲伤的。"顺便"是个常用词，意思是趁做某事的方便。一般人熟悉"顺便"而不熟悉"顺变"，结果便在读音的干扰下，把"顺变"写成了"顺便"。

濒：频临 / 濒临

【病例】由于人类对自然界的蛮横干涉，在环境破坏、过度开发、盲目引种、环境污染等因素的综合作用下，大量的野生物种频临灭绝。

【诊断】误读致误。

【辨析】"频临"应为"濒临"。"濒",不少人误以为是形声字,从水频声,读成了pín。其实这是一个会意字,从页从涉。"页"为人的脑袋,涉为涉水,意思是人走到河边想渡河,见水深,皱眉而止。本义是皱眉。"频"本是"濒"的省写。现两字已明确分工:"频",音pín,义为频繁、多次;"濒",音bīn,义为靠近水边,引申泛指靠近。"濒临"有人读成了"pín临",笔随口误,随之也写成了"频临"。

拨:拔冗/拨冗

【病例】下午的会议十分重要,务请各位在百忙中拔冗参加。

【诊断】形似致误。

【辨析】"拔冗"应为"拨冗"。"拨"是"撥"的简化字,和"拔"只有一短竖之差。"拨"是用手脚或棍棒移动某物,如"拨算盘珠子"。"拔"是把某物从其他物体里往外拉,如"拔萝卜"。"拨冗"的"冗"指繁忙的工

小篆"濒"

作，"拨冗"意思是"推开繁忙的工作"，和"拔"没有关系。

亳：毫州/亳州

【病例】毫州盛产药材，是中国大陆最大的中草药集散地，素有"中华药都"的美称。

【诊断】形似致误。

【辨析】"毫州"应为"亳州"。"亳"，音bó。是会意字。上面是高——楼阁台观的象形，下面的字形比"毛"少一笔，有说是青草铺地的象形，会意为居住地。历史学家告诉我们，成汤居亳，盘庚迁殷，我国历史上第一个完整形态的国家商的都城便是亳。今亳州位于安徽省西北部，是名酒"古井贡酒"的产地。"毫"是个形声字，上面是省写的"高"作声符，下面是个"毛"字作形符，本义为细而尖的毛。成语有"明察秋毫"，"秋毫"就是秋天动物身上刚长出的细毛。引申指极细微的数量，如一丝一毫。毛笔头是用动物的细毛做的，故也借称毛笔，如挥毫泼墨。

舶：泊来品/舶来品

【病例】就在离车站不远处，有一条小街，一个接一个摊子，摆出来的全是泊来品。

【诊断】词义误解致误。

【辨析】"泊来品"应为"舶来品"。"舶"从舟,义为大船。旧时从国外进口的物品,多用大船从海上运来,故称"舶来品"。"泊"从水,本义指浅水,因"浅水易停",故"泊"有停靠义,杜甫绝句中便有"门泊东吴万里船"的名句。原来仅指停船,在某些方言中也指停车,现"泊车"的说法已呈蔓延之势。"泊"字的水旁,容易让人联想到海,联想到海上运输,于是"舶来品"误为"泊来品"。

博:赌搏/赌博

【病例】他多次出入澳门赌场,沉湎赌搏而不能自拔。

【诊断】音同形似致误。

【辨析】"赌搏"应为"赌博"。"博"是一个会意字,从十从尃。"十"象征东西南北,"尃"为分布,其本义为广大。因可借作"簙",指古代的一种棋类游戏,故引申泛指下棋,如"博弈"。进一步引申指赌博。而"搏"是一个形声字,在汉字历史上,

骰子

其形符屡有变化，从干，从戈，从牛，篆文才改为从手。其本义为捕捉，如"狮子搏兔"。由捕捉引申出击打、相斗、跳动等义项，如搏击、搏斗、搏杀。可见，"博"主要靠脑力，"搏"主要靠体力。

搏：脉膊／脉搏

【病例】面对着这突如其来的喜讯，我只觉得脉膊在激烈地跳动，一颗忐忑的心提到了喉咙口。

【诊断】音同形似致误。

【辨析】"脉膊"应为"脉搏"。"脉"指血管。人体有动脉、静脉，当心脏收缩时，在输出血液的冲击下，动脉会发生跳动。"搏"有跳动的意思，故"脉搏"应用"搏"。"膊"是名词，指人的胳膊、肩膀。"赤膊"即赤裸上身，和"脉"没有多少直接关系。"脉搏"误为"脉膊"，用月字旁的"膊"，当是想当然的类推的结果。

薄：单簿／单薄

【病例】望着夕阳下奶奶单簿的身子，想着自己这一走，不知何时才能回来，小玉泪如雨下。

【诊断】形似致误。

【辨析】"单簿"应为"单薄"。"薄"从草，本义指草木丛生密集之地。凡密集者，相互间的距离必然

小,由此引申出靠近义,如日薄西山、义薄云天。有限的距离让人联想到厚度不大,以及少、弱等义项。"单薄"就是弱的表现。"簿"本义为简册,因古代用的是竹简,所以用竹字头。"簿"是名词,"薄"是形容词,两者形似而义殊。

擘:巨擎/巨擘

【病例】臧克家先生曾说,他崇拜鲁迅、郭沫若、茅盾先生。因为在他眼里,他们是万众景仰的革命先驱、文坛巨擎。

【诊断】形似致误。

【辨析】"巨擎"应为"巨擘"。"擘",音bò。它在用作动词时,义为分开、剖开,如成语有"擘肌分理";用作名词时,义为大拇指,所谓"巨擘",就是如大拇指一样的大人物。无论是动词还是名词,都和手有关,故其字为手字底。"擎",音qíng,这个字同样和手有关,义为向上托住的意思,故其字也为手字底。两者的区别在

擘——大拇指

于声符不同:"擘"的声符是"辟","擎"的声符是"敬"。"擎天柱"就是支撑着天的柱子。"擎"是动词,"巨擎"是说不通的。

璨:璀灿/璀璨

【病例】晶莹剔透的冰雕在五彩灯光的映射下,璀灿夺目。

【诊断】音同义混致误。

【辨析】"璀灿"应为"璀璨"。"璨"和"灿"读音均为càn,又都有鲜明、耀眼的意思,但两者的习惯用法是不一样的。这和它们的本义有关。"璨"特指珠玉的光泽,"璀"也特指珠玉的光泽,故可构成"璀璨"一词,形容类似美玉一般的光彩,冰雕璀璨夺目便是一例。"灿"以"火"为形符,泛指明亮;"烂"也是以"火"为形符,同样可泛指明亮,故可构成"灿烂"一词。"灿烂"的使用范围较"璀璨"为广,星光可以灿烂,笑脸也可灿烂。

仓:仓库/仓库

【病例】四行仓库保卫战发生于1937年10月26日至11月1日,它的结束标志着中国抗日战争中的一场重大战役淞沪会战的结束。

【诊断】形似致误。

【辨析】"仑库"应为"仓库"。"仓"和"仑"分别是"倉"和"侖"的简化字。"倉"是个象形字,上面像个屋顶,中间像一扇门,可供进出,下面像仓体。《说文》的解释是:"仓,谷藏也,仓黄取而藏之,故谓之仓。""侖"是个会意字,从甲骨文的字形来看,上面是表示聚合的三角形,下面是简册,表示集合简册编排次序,故其本义为条理、伦次。这实际上是"倫"的本字。"倉"和"侖"分别简化成"仓"和"仑"后,在字形上十分相似,在使用时不能大而化之。

沧:苍桑/沧桑

【病例】这位饱经苍桑的老人做过农民,当过兵,也下海经过商,在人生的征途上什么样的人没见过?

【诊断】音同致误。

【辨析】"苍桑"应为"沧桑"。沧桑,"沧海桑田"的缩写。"沧海桑田"即大海变桑田,桑田变大海,喻社会、世事变化巨大。"沧海"的

桑树

"沧",本为水名,故其字从水。"苍"本指草的颜色,故其字从草。在汉字历史上,"沧"可通"苍","沧海"即深蓝色的大海。这种用法后来已定型,凡海的颜色皆用"沧",如"沧海横流方显英雄本色","直挂云帆济沧海"。"沧桑"的"沧"义为"沧海",自然不宜写作"苍"。

谗:馋言/谗言

【病例】公元前209年,二世胡亥东巡郡县,听信奸臣赵高的馋言,一路杀戮大臣。

【诊断】音同形似致误。

【辨析】"馋言"应为"谗言"。"谗"和"馋"读音均为chán。"谗"和说话有关,所谓"谗言",义为毁谤别人或挑拨离间的话,故其字从"言"。"馋"和吃有关,故其字从"食",又引申为羡慕,如嘴馋、眼馋等。虽然都是嘴的动作,但一个是说坏话,一个是流口水,不能混为一谈。

蝉:貂婵/貂蝉

【病例】《三国演义》言王允献貂婵于董卓,作连环计。其实正史中实无貂婵其人。

【诊断】音同形近致误。

【辨析】"貂婵"应为"貂蝉"。貂蝉是古代传说

中的人物,据说她的得名,和她所担任的职务有关。古代君王的侍从官员,多用貂尾和金属蝉饰来装扮自己的帽子,时称"貂蝉冠"。名为貂蝉的女子本不叫貂蝉,但因她负责保管貂蝉冠,便被人称之为貂蝉。这是由两种动物名构成的名字。古人以貂蝉为饰物,是因为在他们的心目中,貂以形象坚实而闻名,蝉则是餐风饮露的高洁的象征。这是有着传统文化的内涵的。而"婵"一般和"娟"组成联绵词"婵娟",形容女子的姿态美好。

偿:得不尝失/得不偿失

【病例】王阿婆为了贪图便宜,买了路边小贩的一捆青菜。结果回家打开一看,一大半是烂的,真是得不尝失。

【诊断】音同致误。

【辨析】"得不尝失"应为"得不偿失"。"偿",繁体字作"償",形声字,本义是"偿还"。引申指抵值,如"杀人偿命"。由此又引申指"满足",如"如愿以偿"。"尝",繁

貂蝉冠

体字写作"嘗",形声字,从旨尚声。本义是"辨别滋味",即吃一点试试。"卧薪尝胆"等词中的"尝",用的就是本义。"得不偿失"的"偿"指抵值,即所得的利益抵偿不了所受的损失,自然应用"偿"而不用"尝"。

澈:清沏/清澈

【病例】故乡门前那条清沏的小河,曾给我的童年留下许多回忆。

【诊断】简繁不对应致误。

【辨析】"清沏"应为"清澈"。不少人误以为"沏"是"澈"的简化字,把"清澈"写成了"清沏"。其实,这是一种误认。"澈"和"沏"除了都是三点水旁,说明它们和水有关外,在读音和字义方面,差别是很大的。"澈",音chè,形容水澄清的样子。清澈,是水平静而透明。"沏",本义是指波浪冲击,作这一意义用时,读音为qiè。另一个读音是qī,义为用沸水冲泡,如沏茶。这一义项多少也和水的冲击有关。可见,"沏"无论是本义还是引申义,都是一种动态;而"澈"不但澄明,还有宁静的感觉。

晨:寥若辰星/寥若晨星

【病例】黄昏的观前街上,太阳刚刚西下,行人便已

寥若辰星。

【诊断】音同义混致误。

【辨析】"寥若辰星"应为"寥若晨星"。"晨"和"辰"读音均为chén。"星辰"是一个常用词,指星星的总称。"辰星"这个词也是有的,我国古代指水星。它们和"晨星"一样,都和星星相关,在意义上容易混淆。而"寥若晨星"是一个比喻。"寥"是少的意思,"晨星"是早晨天空中的星星。这是因为,太阳出现以后,原本稠密的夜空中的星星,会因阳光辉映而变得又稀又少。只有用"晨星"才能和"寥"呼应,用"辰星"或"星辰"都是说不通的。

成:相辅相承/相辅相成

【病例】这两种读书方法各有短长,相辅相承,很难说这一种方法比另一种方法好。

【诊断】音同义混致误。

【辨析】"相辅相承"应为"相辅相成"。"成"和"承"读音均为

寥若晨星

chéng。"成"和"败"相对应,义为成功、完成。"承"的本义是托着,从甲骨文字形来看,是两只手托着一个人。由此引申出担当或继续的意思,如承担、继承。成语"相辅相成",意思是互相辅助、互相促成,双方谁也离不开谁。这里的"成"显然和成功有关,不是承担、继承,所以不能写成"相辅相承"。

弛:松驰/松弛

【病例】来人不过五十多岁,但一脸的沧桑感,连眼角也明显松驰下来。

【诊断】音同形似致误。

【辨析】"松驰"应为"松弛"。"弛"和"驰"读音均为chí,右半部又都作"也",一不留神便会混淆。"弛"左边是"弓",其本义自和"弓"有关。《说文》的解释是:"弛,弓解也。"意思是放松弓弦。由此引申指放开、松懈、解除、延缓等义。"驰"左边是"马",其本义自和"马"有关。《说文》的解释是:"驰,大驱也。"意思是拼命赶马。由此引申指车马疾跑、快速传播等义。认清形符是辨别弛、驰的一条捷径。

忡:忧心冲冲/忧心忡忡

【病例】自从股票下跌,小马整天苦着一张脸,一副忧心冲冲的样子。

【诊断】音同形似致误。

【辨析】"忧心冲冲"应为"忧心忡忡"。"忡"和"冲"读音均为chōng，但适用的语境不同。这和"冲""忡"二字的本义有关。"冲"，形声字，本从水写作"沖"，后三点省写作两点。其本义是水流上涌、激荡。"忡"，也是形声字，从心，其本义为心事重重，忧愁难解。这两个字叠用构成的"冲冲"和"忡忡"两词，适用的语境不同。"冲冲"用于亢奋的语境，如兴冲冲、怒气冲冲；"忡忡"用于压抑的语境，如忧心忡忡。写作"忧心冲冲"，是一种错位搭配。

筹：一愁莫展/一筹莫展

【病例】眼看大雁南飞，秋风一阵紧似一阵，寒衣还是没有影儿，团部几位领导急得一愁莫展。

【诊断】音同义混致误。

【辨析】"一愁莫展"应为"一筹莫展"。"筹"，南朝《玉篇》解释说："算也。"其义为筹码。通常以竹

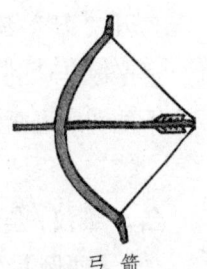

弓箭

片或木片制成，故其字从竹。"筹"的功用主要是计数，由此可引申为名词计策、智谋，又可引申为动词谋划、筹措。所谓"一筹莫展"，其中的"筹"便是计策，即一条计策也想不出来。"一筹莫展"自会让人愁肠百结，但此"愁"是结果，彼"筹"才是原因，不能筹、愁不分。

丑：醜角/丑角

【病例】京剧中醜角表演的特点，除了程式化的身段动作外，还巧妙地运用手、眼、身、步等艺术手段。

【诊断】简繁不对应致误。

【辨析】"醜角"应为"丑角"。"醜"是个形声字，从鬼酉声。古人认为鬼的面貌狰狞，形象丑陋，故从鬼。本义为形象可憎，和美相对。引申指令人生厌的事物或现象，如"醜态""醜闻""醜事"。"丑"和"醜"本是两个字，"丑"的用途有两个：一是地支的第二位，如辛丑年；一是传统戏剧中的角色，如生旦净末丑。因后来"丑"又成了"醜"的简化字，有人误以为凡"丑"都是从"醜"来的，常把"辛丑年"写作"辛醜年"，"丑角"写成"醜角"。其实"丑角"是不能和醜陋画等号的。

刍：雏议/刍议

【病例】黄经理考察了二十几家餐厅，掌握了大量第

一手材料,才写出了《公务宴请改革雏议》一文。

【诊断】词义误解致误。

【辨析】"雏议"应为"刍议"。文章的标题中,常会用到"刍议"一词,比如胡适在"五四"时期写有《文学改良刍议》。"刍"的读音为chú,繁体字是"芻"。这是会意字,甲骨文的左边是两棵草,右边是一只大手,本义是割草,引申指喂牲口的草料,所以牛羊的回嚼就叫"反刍"。"刍议"是一个谦词,谦称这是草野之人的浅见。"雏"则是一个形声字,指鸟之小者,如雏鸡、雏鹰;也可指人之小者,鲁迅笔下的"挈妇将雏鬓有丝","雏"便是指小孩子。"刍议"和小孩子无关,更和鸟无关,当然不能用"雏"。

厨:橱房/厨房

【病例】餐厅的橱房是敞开式的,隔着一层玻璃,食客可看到大师傅的整个操作过程。这既提高了信任度,又增加了观赏性。

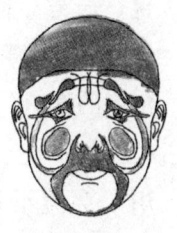

五角脸谱

【诊断】音同义混致误。

【辨析】"橱房"应为"厨房"。"厨"是一个会意字,"厂"代表房屋,左边的"豆"是古代的一种盛食物的器皿,右边的"寸"表示手。手捧装有食物的器皿在屋子里忙活,可见这个屋子是厨房。所以,在屋子里操持的人称厨师,菜肴的烹饪技法便称厨艺。而"橱"是一个形声字,从木厨声,本义是放置东西的家具。

绌:相形见拙/相形见绌

【病例】两篇文章各有特色,但在景物描写方面,小张有点相形见拙。

【诊断】形似致误。

【辨析】"相形见拙"应为"相形见绌"。"绌",音chù,义为不足,逊色。"相形"是相互比较的意思。所谓"相形见绌",即两者比较,一方显得不足。"拙",音zhuō,和巧相对,义为笨拙,不灵巧,如"笨嘴拙舌""弄巧成拙"。"相形见拙"就字面意义来说,一方显得笨拙,也是能够成立的,所以有些工具书也承认这种用法。但成语是以约定俗成为特征的,已经定型的词语,不宜随便改动。

川:穿流不息/川流不息

【病例】下午,随着警报响起,空气顿时紧张起来,

卫兵穿流不息地在院子里进进出出。

【诊断】词义误解致误。

【辨析】"穿流不息"应为"川流不息"。成语"川流不息",从《论语·子罕》中的叙述演化而来。原文是:"子在川上,曰:'逝者如斯夫,不舍昼夜。'""川"即河流。孔子站在河边,说:"消失的如这河水一样,昼夜不停。"孔子以"川流不息"感叹时光的飞速流逝,后多用来比喻连续不断。然而,无论是古义还是今义,都以"川"为喻体。把"川"误解为穿来穿去的"穿",整个词义便失去了依托,变得含糊不清。

囱:烟囱/烟囟

【病例】砖砌的烟囟笔直地伸向蓝天,成了我们这个地区的地标性的建筑物。

【诊断】形似致误。

【辨析】"烟囟"应为"烟囱"。"囱"是个象形字。它最初读作chuāng,《说文》:"在墙曰牖,在

烟　囱

屋曰囱。"指开在屋顶的天窗,后来加形符"穴"写成了"窗",成了窗的通称。"囱"由天窗又引申指灶突,即炉灶出烟的通道,读音为cōng。"囱"中间是个"夕"字,由窗棂演化而来。"囟"也是个象形字,中间是个"乂"字,《说文》:"头会脑盖也。"即婴儿头顶骨未合缝的地方,俗称囟门。"囟"读音为xìn。

椿:椿树/桩树

【病例】屋前有一棵桩树,一到春天,外婆即采收嫩芽,用盐渍后留待食用。

【诊断】形似致误。

【辨析】"桩树"应为"椿树"。两字关键是右下角不同,一个是"臼",一个是"日"。"椿",音chūn,树名,指香椿,春天发芽时嫩叶清香,可食用。也指臭椿,形同香椿,但叶子有臭味,不能食用。有一种树也叫"椿",见于古代传说中。这种树以八千岁为春,八千岁为秋,因其长寿,后来就用"椿"形容高龄,如"椿年""椿龄""椿寿"等。"桩",音zhuāng。同样以"木"为形符,本义为木橛,即一头在地下、一头在地上,可以用来系船拴马的木橛子。引申泛指树木砍断后地面上残留的一段,以及揳入地下的各种桩形物,如树桩、桥桩、界桩等等。这是一个繁体字,现在简化为"桩"。

辍：缀学/辍学

【病例】《我要读书》的作者高玉宝，因为家里没钱，8岁时上了一个月的学堂，就被迫缀学，去给地主家放猪。

【诊断】形似致误。

【辨析】"缀学"应为"辍学"。"辍"，音chuò，和车队行列出现间断有关，故其字从车。引申义为中止、停止。如停止上学称"辍学"，停止写作称"辍笔"。"缀"，读zhuì，本义指缝补，故其字为绞丝旁，引申为连接、装饰、点缀等。这两个字虽然形似，但一个为断开，一个为接续，意义截然相反。

雌：信口齿黄/信口雌黄

【病例】明明卖的是过期食品，还信口齿黄，说营养价值没有改变。

【诊断】音近致误。

【辨析】"信口齿黄"应为"信口雌黄"。"雌"，音cí。"雌黄"为橙黄色的矿物，可作退色剂用。古人抄书、校书有了差错，常用雌黄涂改。据

椿 树

《晋书·王衍传》，王衍字夷甫，此人能言，发现有说得不妥当的，立即加以修正，"时号口中雌黄"。可见这本是一个中性词。后来则成了贬义词，所谓"信口雌黄"，就是说话不顾事实，不负责任，随口乱说。

"齿"，音chǐ。"齿黄"的字面意义是牙齿发黄，这和乱说没有必然联系。

剌：剌耳/刺耳

【病例】夜深人静，我已入睡，电话铃声突然剌耳地响了起来。

【诊断】形似致误。

【辨析】"剌耳"应为"刺耳"。刺、剌的区别在左半部，一个开口，一个封口。开口的是"刺"，音cì，是一个会意字。"木"代表一棵树，中间不封口的部分是树身上长出的尖刺，和右边的"刀"配合，义为用尖利的东西扎。刺必深入，所以又可以指暗中打听，如刺探。封口的是"剌"，音là，会意字。"束"中的"木"表示树枝之类，中间封口的部分表示把散乱的树枝捆扎起来；而右边的刀，则表示把捆扎的东西用刀割开。捆扎了又割开，行为前后悖谬，故引申指违背，乖僻，不合常理，如"乖剌"。

窜：抱头鼠蹿/抱头鼠窜

【病例】平型关一仗，打得日寇鬼哭狼嚎，抱头鼠蹿。

【诊断】音近义混致误。

【辨析】"抱头鼠蹿"应为"抱头鼠窜"。"窜"，音cuàn，形声字，但它的繁体字"竄"是个会意字，从穴从鼠。"窜"的字义有个演变过程：开始是静态的，以"鼠"在"穴"中，表示藏匿义；后来引申出逃跑义，如"抱头鼠窜"。这是在平面意义上的乱跑。"蹿"，音cuān，形声字，它和"窜"相比，除了快速跑动外，增加了"足"的蹬踏动作，有了跳的意思。"蹿"就是快速地向前或向上跳跃。可见，"窜"和"蹿"的最大区别是：动作的方向不同。

粹：精萃/精粹

【病例】这本诗歌选本，集中了当代抒情短诗的精萃，值得向年轻人推荐。

【诊断】音同义混致误。

【辨析】"精萃"应为"精粹"。"粹"和"萃"读音均为cuì。"粹"是形声字,米字旁是它的形符,意思是没有杂质的、品质优良的大米,由此引申出精华的意思。所以,它可以和同义的"精"构成"精粹"一词。"萃"也是形声字,草字头是它的形符,本义是草丛生的样子,由此引申为动词,义为聚集,如荟萃、集萃、萃聚。聚集在一起,自然就成了一个整体,由此又可用作名词,指群、类。成语有"出类拔萃",这里的"萃"和"类"都是指相同或相似的人物、事物的集合体。无论是动词还是名词,"萃"都没有精华的意思,广告中经常见到的"精萃"组合,完全是拉郎配。

磋:切蹉/切磋

【病例】两位画家都是四川人,有着数十年的交情,他们至今还经常在一起切蹉画艺。

【诊断】音同形似致误。

【辨析】"切蹉"应为"切磋"。"磋"和"蹉"读音均为cuō。"磋"最初指加工象牙,其打磨的过程与石头有关,故其字是石字旁。古人同样表示加工,因材质不同而用字不同:骨谓之切,象谓之磋,玉谓之琢,石谓之磨。因磨制东西需来回反复,又引申出研究、讨论的义项,《诗经》中便有这样的句子:"如切如磋,如琢如磨。""切磋""琢磨"即反复研讨、商量。"蹉",义

为"失足",所以是足字旁,又引申为失误,组词成"蹉跎",意思是时光白白耽误过去,如"蹉跎岁月"。

沓:一搭/一沓

【病例】来人打开皮包,取出一搭卡片,指着其中一张说:"这就是你们需要的型号。"

【诊断】音近义混致误。

【辨析】"一搭"应为"一沓"。"沓"是个多音字,其中一个读音为dá,用作量词,指称重叠的薄物,如一沓报纸、一沓贺卡。"一沓卡片"自然也应用"沓"。"搭"音dā,有一个义项为连接,说话前后接不上,叫"前言不搭后语";接着别人的话头说话或找出话头说话,便是"答腔""搭讪"。俗语中经常用到的"有一搭没一搭",意思是没话找话说,这里的"一搭"和"答腔"有关,"搭"并非量词。

待:以逸代劳/以逸待劳

【病例】形势的发展充分证明了这

打磨玉石

一点：红军虽弱，却善于养精蓄锐，以逸代劳。

【诊断】音同致误。

【辨析】"以逸代劳"应为"以逸待劳"。语出《孙子·军争》。孙子说善用兵者，要"以近待远，以佚待劳，以饱待饥，此治力者也。""佚"同"逸"。"待"，等候、等待。所谓"以逸待劳"，即在两军争战时采取守势，养精蓄锐，等待来攻的敌人疲劳时再出击。而"代"的本义为更迭、代替，没有等候的意思。以"逸"代替"劳"，这是说不通的。

贷：严惩不怠／严惩不贷

【病例】谁要是侵犯我国的神圣领土，我们必将坚决还击，严惩不怠。

【诊断】词义误解致误。

【辨析】"严惩不怠"应为"严惩不贷"。"贷"的本义是施予、给予，后来又引申指宽恕。"严惩不贷"的"贷"便是宽恕的意思。所谓"严惩不贷"，即严厉惩罚，决不宽恕，这在逻辑上是一气呵成的。"怠"的本义是轻慢，引申指松懈。误为"严惩不怠"，则成了前面说的是"严惩"，后面说的是不松懈，有点前言不搭后语。如果一定要用"不怠"，可以说成"严防不怠"，始终保持一种紧张状态，这才无懈可击。

戴：带袖章/戴袖章

【病例】挑着一筐梨的小贩刚放下挑子，一个带袖章的城管走了过来。

【诊断】音同义混致误。

【辨析】"带袖章"应为"戴袖章"。"戴"和"带"读音均为dài。这两个字混淆，常见的是误"戴"为"带"。当年有部电影《带手铐的旅客》，"带"字便是一个别字。戴、带的基本区别是："戴"字是加于身，"带"字是携于身。前者是特意的，后者是随意的。凡加于身的东西，一般都有固定的位置：帽子戴在头上，眼镜戴在鼻梁上，项链戴在脖子上，大红花戴在胸口上……而携于身的东西，则可以酌情处置，或者口袋里装着，或者挎包里藏着，甚至于手里提着，肩上挎着……手铐既可以戴，也可以带。但戴手铐的是犯罪嫌疑人，带手铐的一般都是警察。

戴：感恩载德/感恩戴德

【病例】"我想请大王饶恕他的活

小篆"带"

小篆"戴"

命，将来建昌一带的人或许会感恩怀德。"这是剧本中的一句台词。

【诊断】形似致误。

【辨析】"感恩载德"应为"感恩戴德"。"戴"的本义是以头顶物，引申指把东西置于头上，如戴帽子。头是人体的最高部位，由此又引申出尊重、推崇的意思。"感恩戴德"表示不仅把别人的恩德感念在心，而且高奉于顶，以此表示念念不忘。"载"字从车，本是乘坐的意思。引申可指装载，如"载客"；或运载的东西，如卸载、过载。

眈：虎视耽耽/虎视眈眈

【病例】营销经理至今还空缺着，销售部的年轻人都虎视耽耽地盯着这个空位子。

【诊断】音同形似致误。

【辨析】"虎视耽耽"应为"虎视眈眈"。"眈"和"耽"读音均为dān。"耽"是耳朵旁，字义和耳朵有关："耳大垂也。"神话中的夸父，便是耳长垂肩的形象。由此引申出沉溺、迷恋义，如"耽于酒色"。沉溺其中便难免拖延，故又有耽误义。"眈"是目字旁，字义和眼睛有关，《说文》的解释是："视近而志远。"意思是看的是近处，而其志则在深远。"眈眈"形容眼睛注视的样子。老虎眼大如铃，"虎视眈眈"是指像虎一样睁大眼睛盯着。

惮：肆无忌殚/肆无忌惮

【病例】洪水肆无忌殚地冲进了村庄，墙倒屋坍，转眼之间汪洋一片。

【诊断】音近形似致误。

【辨析】"肆无忌殚"应为"肆无忌惮"。"惮"，音dàn，竖心旁，表现的是一种心理状态，即畏惧、害怕。如"过不惮改"，就是有了过失，不怕改正。所谓"肆无忌惮"，既无顾忌，又不害怕，肆意妄为，无法无天。"殚"是歹字旁，音dān，是竭尽、用尽的意思，用在成语"殚精竭虑"里，义为用尽精力和心思。

嫡：谪亲/嫡亲

【病例】那人正是小潘的谪亲舅舅，他们已30年没有见面。

【诊断】形似致误。

【辨析】"谪亲"应为"嫡亲"。"嫡"和"庶"是相对的。在封建宗法制度下，家庭内部有嫡庶之分。凡

耽——耳大垂也

正妻所生的孩子称嫡出，其他孩子则是庶出。引申指亲属关系中血统最近的，如嫡亲姊妹，嫡亲弟兄。"嫡亲舅舅"指生母的兄弟。又引申指关系最近的，如嫡派、嫡系。"谪"和"嫡"看似形似，其实音义皆不同。"嫡"音dí，同生育有关，故从女；"谪"音zhé，本义是责备、谴责的意思，故从言。引申指处罚，古代降低官职，便称"贬谪"。唐代元稹听说白居易授江州司马，便曾写下"残灯无焰影幢幢，此夕闻君谪九江"的句子。"谪"就是贬官，和嫡庶无关。

砥：坦荡如坻/坦荡如砥

【病例】她的胸怀坦荡如坻，待人接物，恳挚、热情，这一切，使我永世难忘。

【诊断】音同形似致误。

【辨析】"坦荡如坻"应为"坦荡如砥"。"砥"和"坻"读音均为dǐ。"砥"字从石，是一种石料，可作磨具，能使刀、剪等物体被磨后光滑锋利。"细石曰砥，粗石曰砺"，"砥"和"砺"都是磨刀石，只是质地不同。所以这两个字可以构成"砥砺"一词。"砥"是质地细腻的磨刀石。生活经验告诉我们，磨刀石是讲究平整的，质地细腻的磨刀石更是如此，所谓"坦荡如砥"是一种比喻的说法，强调的是宽广平坦。"坻"字从土，义为山坡，多用于地名，如天津宝坻。

谛：真缔/真谛

【病例】生活的真缔，对他来说就是奉献。为了人民的利益，他献出了火热的青春。

【诊断】音同形似致误。

【辨析】"真缔"应为"真谛"。"谛"和"缔"读音均为dì。"谛"是会意兼形声字，从言从帝，帝亦表声。其本义是详审、细察，如谛听、谛视。又用作佛教用语，指真实而又正确的道理，"真谛"即用此义。"缔"是形声兼会意字，《说文》的解释是："结不解也。"意思是结而不可解者曰缔，故其字为绞丝旁。由此引申出结合、订立等义，如缔约、缔交。

玷：坫污/玷污

【病例】同学之间纯洁的感情，却遭到了金钱的坫污，这是不能容忍的。

【诊断】音同形似致误。

【辨析】"坫污"应为"玷污"。"玷"，音diàn，形旁是"玉"。"玉"在古文字里是一根绳穿着三片

"细石曰砥"

玉的象形，因为整齐化以后和"王"字很相像，于是就在旁边加了一个点以示区别。"玷"本义指白玉上面的污点。后引申指使有污点，如玷污人格、玷辱名誉等。土字旁的"坫"，读音也是diàn。原来这是古代在室内放置食物、酒器等的土台子。商业兴起以后，商贾们将所售之物堆在土台子上供人选购，"坫"就成了柜台的初级形态。后来，土字旁演变成了广字头，"坫"俗变成了"店"。商店便是由此而来的。"玷污"和柜台无关，不应用"坫"。

惦：掂挂／惦挂

【病例】老人怕儿子担心，特地让人写了封信说："你不用掂挂家里，社区的马大姐对我可关心哩。"

【诊断】音近形似致误。

【辨析】"掂挂"应为"惦挂"。"掂"，音diān，从手，本义指用手托着东西上下微动来估量轻重，如成语"掂斤播两"。"惦"，音diàn，从心，本义为心中思念、挂念。"惦挂"是一种心理状态，自应用"惦"而不用"掂"。

掉：吊书袋／掉书袋

【病例】搞创作的人，当然要多读一些古今中外的书，但是不择对象地吊书袋子，反而会显出作者的浅

薄。

【诊断】词义误解致误。

【辨析】"吊书袋"应为"掉书袋"。《南唐书·彭利用传》中说,彭利用对家里的孩子以及差役,"言必据书史,断章破句,以代常谈,俗谓之掉书袋。"后来便把喜欢引经据典、卖弄学问的做法称之为"掉书袋"。这里关键是要正确理解"掉书袋"的"掉"字。有人误以为是掉进去,沉没在书中不能自拔;也有人误以为是挂起来,结果写成了同音的"吊"字。其实,"掉"是摇动的意思,举着书袋摇动,得意之态可掬。悬空吊着书袋,是表现不出炫耀的意思的。

叠:重迭/重叠

【病例】机构重迭,人浮于事,效率低下,已是普遍现象。你说不改革行吗?

【诊断】简繁误认致误。

【辨析】"重迭"应为"重叠"。"迭"字曾是"叠"的简化字,1986

云南叠彩山

年国家语委重新公布《简化字总表》时作了调整，明确"叠"字恢复使用。迭、叠的分工是："迭"为时间上的前后关系，如前后交替为"更迭"，前后相连为"迭起"；"叠"为空间上的上下关系，如上下相加为"重叠"，上下折连为"折叠"。有人不了解简化字的这一变化，至今仍认为"迭"是"叠"的简化字，导致了误"叠"为"迭"的错误。这是违背现行汉字规范标准的。

牒：通谍/通牒

【病例】联军下达最后通谍，如果不在5月18日凌晨前撤掉炮台，将把码头炸成一片灰烬。

【诊断】音同形似致误。

【辨析】"通谍"应为"通牒"。"谍"和"牒"读音均为dié。"谍"，本义指"间谍"，即秘密刺探敌方或别国情报的人。《说文》："谍，军中反间也。""谍"以"言"为义符，是因为古代通信不发达，间谍刺探到情报以后，主要用"语言"的形式报告给上级长官。"牒"，本义指古代书写用的竹片或木片。东汉以前没有纸张，书写多用竹简或木简，这就是"牒"。引申指"书籍"。还引申指"家谱""族谱"，即通常所说的谱牒。再引申指"公文"。"通牒"即一个国家通知另一个国家并要求对方答复的外交

文书。如果一个国家用"通牒"的方式，对另一个国家提出必须接受其某种要求，否则将使用武力或采取其他强制性措施，并限定在一定的时间内作出答复，这种"通牒"就是"最后通牒"，音译为"哀的美敦书"。

鼎：大名顶顶/大名鼎鼎

【病例】想不到昔日的小伙伴，如今已是大名顶顶的金融新贵。

【诊断】音同义混致误。

【辨析】"大名顶顶"应为"大名鼎鼎"。"鼎"本是古代的食器，其作用和锅相似。因其形制比较特殊，在语言生活中成了一个十分活跃的语素。如鼎有三足，可用"鼎立"表示三方对峙；鼎体大势沉，可用"力能扛鼎"表示膂力过人；鼎是王权的象征，可用"问鼎"表示觊觎权力……"鼎鼎"连用，是一个形容词，表示声威显赫。"顶"，义为人或物的最上部，如头顶、屋顶。"顶顶"是"最最"的意思，副词，"大名顶顶"不合语法。

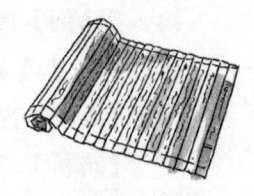

古代竹简

度：渡假村／度假村

【病例】一走进渡假村的大门，只见两排挺拔的白杨迎风站立，仿佛在夹道欢迎来宾似的。

【诊断】音同义混致误。

【辨析】"渡假村"应为"度假村"。"度"的本义是计量，古人曾以手作为丈量器具，"度"下部的"又"便是手的象形。计量通常是由此点到彼点，故"度"又有由此达彼的"过"的意思。"渡"是由"度"派生出来的，本专指渡过水面；但在实际使用中，两者经常混用。在现代汉语中，两字的基本区别是："度"的对象为时间，如度日、度假、虚度年华、欢度春节；"渡"的对象为空间，如横渡长江、共渡难关。"度假"显然和时间有关，不应写成"渡假"。有一个辅助的区别方法：凡用"度"都是不以人的主观意志为转移的，不想度也得度；凡用"渡"则必须通过主观努力，否则就渡不过去。

断：肝肠寸段／肝肠寸断

【病例】望着病榻上骨瘦如柴的母亲，儿子心如刀绞、肝肠寸段。

【诊断】音同致误。

【辨析】"肝肠寸段"应为"肝肠寸断"。成语反映的是一个让人伤感的故事。据晋《搜神记》，有人入

深山捉到一小猿,在回家途中,母猿紧追不舍。此人后将小猿击杀,母猿哀声呼唤,自撞而死。"此人破肠视之,寸寸断裂。"后人用"肝肠寸断"形容极度悲伤。"寸断"是寸寸断裂,惨不忍睹,不是一寸一段。

敦:温柔钝厚/温柔敦厚

【病例】"诗三百,一言以蔽之,思无邪。"儒家认为,温柔钝厚是《诗经》的基本特色。

【诊断】音近致误。

【辨析】"温柔钝厚"应为"温柔敦厚"。这四个字就字面意义来说,指温和而宽厚。《诗经》是"四书五经"之一,其中有不少作品意在讽刺,但用语怨而不怒,所以称之为"诗教"。这是符合儒家的道德标准的。"敦"作名词用时,读音为duì,本是古代的一种食器。它由青铜制成,器身和盖子都为半圆形,器物整体呈球形。由于这种器物看上去厚重而实在,因此,本为名词的"敦",引申出了形容词的意义,读音

古代食器——敦

为dūn，可指情感的诚恳和深厚。汉语中有一批由"敦"构成的词，如"敦请""敦促""敦聘"等等。"敦厚"由两个同义语素联合成词，无论"敦"和"厚"都包含着正面的情感。而"钝"本义为不锋利，引申指迟钝、愚笨，在词义上是否定的，和"敦"不能混为一谈。

发：美發廳/美髮廳

【病例】新开的商城边又有了一家美发厅，一到晚上，繁体字书写的"美發廳"三字闪闪发光。

【诊断】简繁不对应致误。

【辨析】"美發廳"应为"美髮廳"。"美髮"，简化字的规范写法应是"美发"。"发"对应的是两个繁体字：一个是"發"，一个是"髮"。"發"，音fā，本义为射箭，故其字从弓，如"百發百中"；引申指发射，如"弹无虚發"。"髮"，音fà，本义为头发，故其字从"髟（音biāo，长发飘舞的样子）"，如苏东坡的"早生华髮"。"美髮廳"误为"美發廳"，显然是没有弄清楚"发"和"發""髮"不同的对应关系。

繁：删烦就简/删繁就简

【病例】欧阳修在《旧五代史》的基础上，删烦就简，着重记载人物事迹。

【诊断】音同义混致误。

【辨析】"删烦就简"应为"删繁就简"。"繁"和"烦"长期纠缠不清,构成了一批异形词,但"删烦就简"只能写作"删繁就简"。这和繁、烦的本义有关。"繁"是个会意字,下面是个丝字,表示头上饰物的多。"烦"也是个会意字,从火从页,"页"是头的意思,以头上冒火,表示心中的烦乱。"删繁就简"以"繁"和"简"相对,说的是数量问题,不是情绪问题,自应用"繁"而不用"烦"。

范:就犯/就范

【病例】这所日本语学校,就是逼你就犯。这里值钱的是女人,不值钱的也是女人。

【诊断】音同致误。

【辨析】"就犯"应为"就范"。"范"和"犯"读音均为fàn。"范"除作为姓氏用字外,它还是"範"的简化字,本义指浇铸器物的模具,后引申泛指规矩、制度、通例。所谓"就范",意思是在内心不情愿的情况下,接受支

金文"繁"

配和控制，使自己的言行纳入到一定的轨道之中。由此可见，"范""犯"词性不同，"范"为名词，"犯"为动词。"犯"有违背、侵入等义，组成的词如犯规、犯法、犯戒、犯禁等，"就犯"明显于理不通。

妨：防碍/妨碍

【病例】造这堵围墙，是考虑小区的安全，谁知事与愿违，却防碍了救护车的通行。

【诊断】音同形似致误。

【辨析】"防碍"应为"妨碍"。"妨"为女字旁，表示男女之私不加节制容易伤身，其本义是伤害、损害。后引申有阻义，即影响事情的顺利进行。在"妨碍"一词中，"妨"就是"碍"，"碍"就是"妨"，两者为同义语素。"防"为阜字旁，《说文》的解释是："防，堤也。"本义指堤坝，后由堤坝的挡水功能，引申出防备、戒备义。妨、防作为动词，它们最大的区别是："妨"阻碍他人，"防"提防他人，前者是主动的，后者是被动的。

绯：诽闻/绯闻

【病例】进入电影圈已多年，他一向洁身自好，从来没有传出过诽闻。

【诊断】音近形似致误。

【辨析】"诽闻"应为"绯闻"。"绯",音fēi,本义是红色的丝织品,故其字为绞丝旁。可以泛指红色,如"绯红的晚霞""绯红的脸色"。人们常把有关不正当的男女关系的消息称之为"桃色新闻",因为桃子是红色的,故桃色新闻亦称"绯闻"。"诽",音fěi,有诽谤义,指说别人的坏话,故其字为言字旁。"诽"和色彩无关,"绯闻"不是"诽闻"。

斐:文采蜚然/文采斐然

【病例】姚老的文字老辣、犀利而又文采蜚然,被誉为"县中第一高手"。

【诊断】音同形似致误。

【辨析】"文采蜚然"应为"文采斐然"。"斐"本义为色彩缤纷,"文采斐然"即文采耀眼的样子。引申可指显著,如成绩斐然、斐然可观。"蜚"是个多音字,其本义读fēi,与"斐"同音,指一种昆虫,属于蚱蜢一类。读fēi时,通用为飞。这种用法还保留在少数

甲骨文"采"

词语中，如蜚声海内、流言蜚语、蜚短流长。

分：劳燕纷飞/劳燕分飞

【病例】战火燃烧到了家门口，妻子送郎上战场，两人又一次劳燕纷飞。

【诊断】音同义混致误。

【辨析】"劳燕纷飞"应为"劳燕分飞"。"劳燕"是两种鸟的名称。"劳"即伯劳，俗名虎不拉；"燕"即通常见到的燕子。因为《乐府》诗中有"东飞伯劳西飞燕"的句子，后来便用"劳燕分飞"比喻夫妻或情人之间的别离。"纷"是多而杂乱的意思。"分飞"是各自东西，"纷飞"是乱作一团，同样是飞，表达的意思是不同的。

份：分额/份额

【病例】我没有其他要求，请把属于我的分额给我。

【诊断】音同义混致误。

【辨析】"分额"应为"份额"。"分"是个会意字。本义指用刀剖物，使之一分为二。《说文》的解释是："分，别也，象分别相背之形。"整体分成各个部分之后，则可用"份"来作为量词。如"一个西瓜切成八份"，"爷爷的字画分成三份留给子女"。所谓"份额"即整体中应占的份数，理应用"份"而不是"分"。

风:麻疯病/麻风病

【病例】解放前广东麻疯病流行,晚期患者满脸溃疡,酷似一个泡足水的馒头。

【诊断】音同义混致误。

【辨析】"麻疯病"应为"麻风病"。"风"和"疯"读音均为fēng,又均可作疾病名称用字,故容易用混。麻风虽然也是一种病症,但并不表现为精神失常,临床没有"疯"的症状。这是一种慢性传染病。按中医学理论,系由属"六淫"之一的"风"侵入人体造成,开始为皮肤麻木,进而表面结节、毛发脱落直至最后丧失感觉,故称"麻风"。历史上有称"麻风"为"麻疯"者,其实是一种误解,不宜沿用。同样由"风"致病的羊痫风、白癜风等,也不能写作"羊痫疯""白癜疯"。

肤:切腹之痛/切肤之痛

【病例】每谈及分家的事,哥哥仍有切腹之痛,总是大摇其头。

【诊断】音近致误。

伯劳

【辨析】"切腹之痛"应为"切肤之痛"。"肤",皮肤。人的皮肤是十分敏感的,所谓"切肤之痛",就是像自己的皮肤能感觉到的疼痛一样,比喻与自己的关系密切或痛苦的程度极深。"切腹"则成了破腹自杀,那是武士道的极端行为,已不是痛苦不痛苦的问题。

跌:跌坐/趺坐

【病例】沈先生曾写过一首《趺坐》诗,表明自己的心志:"举世嚣嚣我适静,棕床趺坐作心观。"

【诊断】形似致误。

【辨析】"跌坐"应为"趺坐"。"趺坐"是一种特殊的坐姿,也许一般人不太熟悉的缘故,出版物中常误为"跌坐"。这两个字虽然只差一小撇,"趺"的右半边是"夫","跌"的右半边是"失",但一个摔倒了,一个稳坐着,字义差得很远。"趺",音fū。形声字,本义为脚背;用作动词时,指左右脚交叉盘坐。这是佛教徒的一种常用坐姿,称为"趺坐"。这样坐着是不可能"跌"的。用作名词,可指石碑的底座,如"石趺""龟趺"等。"跌"是一个常用字,看字的构成可以帮助我们理解它的意义:失足。——失去平衡自然容易摔倒。引申义有坠落、降低、价格下降等,如跌落悬崖、股市暴跌。

扶：抚老携幼/扶老携幼

【病例】张大姐在小区里口碑极好，帮困济贫，抚老携幼，急居民所急，想居民所想，难怪人称"小区总理"。

【诊断】音近义混致误。

【辨析】"抚老携幼"应为"扶老携幼"。扶、抚都是手的动作，所以都是提手旁。两者的不同是："扶"是以手搀着、架着，使被扶者不致跌倒，如"扶老携幼"——扶着老的，搀着小的。由此引申出帮助的意思，如"救死扶伤"。"抚"则是以手轻轻抚摸，让被抚者得到安慰，感觉到怜爱。可见，一个偏重于力的支持，一个偏重于情的传递。同样是生活上的供养，对长辈或平辈用"扶养"，对小辈则用"抚养"，用法不同和"扶""抚"的字义不同有关。唐诗《社日》中有一句"桑柘影斜春社散，家家扶得醉人归"，"扶"写作"抚"，同样是混淆了这两个字的用法。

跌坐

辐：幅射／辐射

【病例】立足城市，兼顾农村，幅射沿海，走向世界——这是会议定下的基本方针。

【诊断】音同形似致误。

【辨析】"幅射"应为"辐射"。"辐"和"幅"读音均为fú，但两个字的形符不同："幅"从巾，本义和布帛有关，指纺织品的宽度；"辐"从车，本义和车辆有关，指车轮上的辐条。观察一下自行车便会发现，在车轮的中心有车毂（gǔ），这是可以插轴的部位；在车毂和轮圈之间，有一根根直条状物，这便是我们所说的"辐"。所谓"辐射"，即像车辐一样，由中心沿着直线向四周伸展出去。这是一个非常形象的说法。想象一下车轮的结构特点，也许便不会误"辐射"为"幅射"。

驸：附马／驸马

【病例】小张本是财务部的一名干事，自从娶了董事长的千金后，公司里的人都称他为"附马"。

【诊断】音同形似致误。

【辨析】"附马"应为"驸马"。"驸"，音fù，其义和马有关，故其字从马。所谓驸马，指副车之马。《汉书·百官公卿表上》："驸马都尉掌驸马。"颜师古注："驸，副马也。非正驾车，皆为驸马。""驸马都尉"是汉武帝时设置的官职，专职掌管驸马，因此成

了皇帝的随从。三国时的何晏,以公主丈夫的身份,出任驸马都尉一职,自此以后,不少皇帝女婿都做这个官,因此"驸马"又成了皇帝女婿的专称。称董事长的女婿为"驸马",则是现代人的戏称。"附"有附带、靠近的意思,称人为"附马"说不通。

副:一幅对联/一副对联

【病例】远远望去,门上贴着一幅对联,喜气洋洋。那上面写的是:向阳门第春常在,积善人家庆有余。

【诊断】音近义混致误。

【辨析】"一幅对联"应为"一副对联"。幅、副皆可用作量词,但适用的对象不同。"幅",音fú,《说文》中的解释为:"布帛广也。"本义指纺织品的宽度;用作量词时,计量物必须具有平面的、有一定幅度的特点,如一幅图画、一幅窗帘。"副",音fù,《说文》中的解释为:"判也。"义为破开、裂开。一物破开分为二物,故量词"副"适用的对象通常是成双成

车辐

对的，或成组成套的，如一副对联、一副手套、一副扑克、一副象棋；也可用于指面相、表情等暗含多种因素的对象，如一副冷面孔、一副学生腔。

覆：天翻地复/天翻地覆

【病例】迎面是一座花园，花园后高楼耸立，不时轻轨穿梭而过。真是天翻地复的变化啊！

【诊断】简繁误认致误。

【辨析】"天翻地复"应为"天翻地覆"。"复"是一个简化字，原来对应三个繁体字：復、複、覆。1986年重新公布《简化字总表》以后，"覆"字恢复使用，复、覆便出现了混用的情况，如"天翻地覆"误为"天翻地复"。从"复"字仍对应的两个繁体字来看："複"是有里子的夹衣，引申出繁复、重复的意思；"復"的本义是"行故道"，引申出回过去的意思。相比之下，后一层意思更容易和"覆"字纠缠。"复"和"覆"的区别在哪里呢？关键是运动的方向不同。"复"是水平线上的往返，"复信""复位""复原"应该用"复"；"覆"则是垂直线上的颠倒，"颠覆""倾覆""前车之覆"则应该用"覆"。

赅：言简意骇/言简意赅

【病例】全文一气呵成，言简意骇，虽不足五百字，却堪称小品中的上佳之作。

【诊断】形似误读致误。

【辨析】"言简意骇"应为"言简意赅"。"赅",音gāi,有人误读成hài(骇),又将骇人听闻的"骇"理解成引人注目、非同凡响,于是,"言简意赅"成了"言简意骇"。其实,"简"和"赅"是相对的。所谓"言简意赅",即言语简洁而意思赅括、详备。"赅"为形声字兼会意字,"贝"为形符,取贝类常将整个身体藏在贝壳之中来表示完整义;"亥"为声符,兼有表义作用,"亥"为十二地支之末,地支至"亥"可谓无一遗漏,故"赅"有全义。

概:气慨/气概

【病例】他身上有一股"老牛撞南墙,到死不回头"的气慨,一点不为眼前的利益所动。

【诊断】形似致误。

【辨析】"气慨"应为"气概"。"概",音gài,本义指量谷物时刮平斗

一副对联

斛用的刮板，因为是木头做的，故以"木"为形符，不论大斛小斗，只要轻轻一刮，立即"众生平等"，概莫能外。于是"概"有一律、全部义。"气概"的"概"为借用，表示一种豪迈的气度、神情，常用词有节概等。"慨"，音kǎi，《说文》的解释是："忼慨，壮士不得志也。""忼慨"即"慷慨"，"慨"指激昂、愤慨的样子，是一种精神状态，故以"心"为形符。概、慨字形相似，但读音不同，词义有别。

秆：麦杆/麦秆

【病例】用麦杆剪贴的画，始于我国隋唐时代的宫廷工艺品。

【诊断】音同形似致误。

【辨析】"麦杆"应为"麦秆"。"杆"是一个多音字。本义是树的名称，读音为gàn，故其字从木。后借用表示长长的棍状物，读音为gān，如旗杆、桅杆、电线杆、栏杆。这些棍状物，通常都是保持竖立的状态，而且是有明确用途的，如旗杆用于悬挂旗帜，桅杆用于升挂船帆，电线杆用于架设电线，栏杆用于阻隔通行。又引申指器物上类似棍状物的组成部分，读音为gǎn，如笔杆、秤杆、枪杆、箭杆等。"秆"，音gǎn。形符是"禾"，与庄稼有关，本义是指稻麦、高粱、玉米等能直立的农作物的茎。"杆"和器物有关，"秆"和植物有关。

工:异曲同功/异曲同工

【病例】一个人写的是诗,一个人写的是散文,但在想象力上,堪称异曲同功。

【诊断】音同义混致误。

【辨析】"异曲同功"应为"异曲同工"。"异曲"指演奏的曲调不同,"同工"演奏的效果同样精妙。这里的"工"是形容词。后泛指采用不同的方法取得同样好的效果。"功"则有功力或功用的意思。"异曲同工"不是表现出同样的功力或具有同样的功用,故不能用"功"。

躬:事必恭亲/事必躬亲

【病例】大嫂真是个操心的命,整天忙里忙外,全都事必恭亲。

【诊断】音同义混致误。

【辨析】"事必恭亲"应为"事必躬亲"。"躬"和"恭"读音均为gōng。"躬"为会意兼形声字,左边是个"身"字,右边原来是个"吕"字,"吕"代表脊柱,以此表示身体、自

麦

身。后来右边写作"弓"字,表示曲身的形状,字义不变。"鞠躬尽瘁""反躬自问",用的都是"躬"的本义。引申可指亲自、亲身,如诸葛亮说的"臣本布衣,躬耕南阳"。所谓"事必躬亲",就是凡事亲力亲为,不假手他人,形容做事认真负责。"躬"不是恭敬,不能用"恭"。

觚:率尔操瓢/率尔操觚

【病例】"袖手于前,方能疾书于后。"一不调查,二不研究,率尔操瓢,自以为是,难免贻笑大方。

【诊断】形似致误。

【辨析】"率尔操瓢"应为"率尔操觚"。"觚",音gū,古代饮酒用的器具,也可指写字用的方木板。所谓"操觚",说得明白一点,就是作文。"率尔操觚"最初具有褒义色彩,形容才思敏捷,倚马可待;后来逐渐演变为贬义词语,指写作态度不严肃、不认真,没有构思成熟就轻率动笔。由于"觚"字有点冷僻,字形又和"瓢"字接近,有人便读成了piáo,也写成了"瓢"。殊不知"瓢"是葫芦剖开做的舀水器具,和写作没有任何干系。

股:悬梁刺骨/悬梁刺股

【病例】没有笨鸟先飞的自觉,没有悬梁刺骨的决

心，还谈什么攀登科学的险峰？

【诊断】音同致误。

【辨析】"悬梁刺骨"应为"悬梁刺股"。"股"和"骨"读音均为gǔ。"悬梁"和"刺股"，说的是两个刻苦读书的故事。一个见于《汉书》，孙敬好学，"晨夕不休"，"及至眠睡疲寝，以绳系头，悬屋梁"。一个见于《战国策》，苏秦"读书欲睡，引锥自刺其股，血流至足"。后用"悬梁刺股"，形容发愤苦读。"股"，大腿，从胯至膝盖部分。"悬梁刺股"有两个常见错误，一是把"股"误解为臀部，二是把"股"误写为"骨"。后一个错误显然和读音有关。

鼓：一股作气/一鼓作气

【病例】原定五年完成临摹任务，但自经历这场变故，他已失去了一股作气的心劲。

【诊断】音同致误。

【辨析】"一股作气"应为"一鼓作气"。"鼓"和"股"读音均为gǔ。

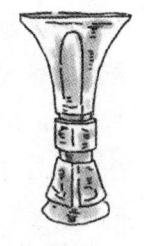

古代饮酒器——觚

"一鼓作气"是个常用典故,出自《左传·庄公十年》"曹刿论战":"夫战,勇气也。一鼓作气,再而衰,三而竭。"曹刿善于掌握士气和选择时机,在敌方"三鼓"后才"一鼓"发动进攻,从而把战士的能量最大限度地发挥出来。后多用"一鼓作气"表示保持高昂士气,乘势出击,一举成事。"一鼓"误作"一股",和鼓、股读音相同,而使用者又忽略了词语的典故意义有关。

榖:谷树皮/榖树皮

【病例】好你个"三寸丁谷树皮",明明是武大郎,装什么高富帅!

【诊断】音同形似致误。

【辨析】"谷树皮"应为"榖树皮"。"谷",音gǔ,本有其字,指山谷;又是穀的简化字,指稻谷。《水浒传》中的武大郎有个绰号,叫"三寸丁榖树皮"。提到这个绰号时,"榖树皮"常被误为"谷树皮"。这显然是因为"榖"和"谷"的繁体字"穀"高度形似有关。这两个字的左下角一个是"禾",一个是"木",两个字有一小撇之差。从"木"的"榖"是一种树的名称,这种树也叫构或楮,树皮是造桑皮纸和宣纸的重要原料。武大郎的绰号叫"榖树皮",是说他的脸像"榖树"的皮,这个"榖"是不能简化为"谷"

的。

冠：官盖相望/冠盖相望

【病例】此时已是红日西沉时分，长安道上，却是官盖相望，自有一番景象。

【诊断】音近义混致误。

【辨析】"官盖相望"应为"冠盖相望"。"冠"指冠冕，古代帝王或官吏头上戴的帽子；"盖"指车盖，达官贵人乘坐的车子的顶盖。杜甫在《梦李白》的诗中，便有"冠盖满京华，斯人独憔悴"的句子。所谓"冠盖相望"，形容达官权贵往来不绝。误为"官盖"，表意含糊不清。

犷：粗旷/粗犷

【病例】自小生长在山区，黝黑的脸庞，宽阔的肩背，透露出内心的粗旷。

【诊断】形似误读致误。

【辨析】"粗旷"应为"粗犷"。"犷"，音guǎng，不读kuàng（旷）。

一鼓作气

"犷"从"犬",本指兽类的凶猛不驯。《说文》的解释是:"犷,犬犷犷不可附也。""犷犷"就是凶狠、狰狞的样子。"粗犷",义为粗野而蛮横,原是一个贬义词,后逐渐演变为褒义词,形容一种狂放不羁的个性。"旷"从"日",本义指光明、开阔,如"空旷""开旷";也可用于精神层面,如"心旷神怡"。

桂:贵冠/桂冠

【病例】他一连以三项发明获奖,被校方戴上了小爱迪生的贵冠。

【诊断】音同义混致误。

【辨析】"贵冠"应为"桂冠"。"桂"和"贵"读音均为guì。"桂冠"一词其实是舶来品。在古希腊时代,人们常把用月桂树的枝叶编成的帽子,戴在杰出的诗人或体育比赛的优胜者的头上,后来人们便用"桂冠"来代表光荣的称号或指称竞赛中的冠军荣誉。"桂冠"当然是值得珍贵的,但此"桂"非彼"贵",不能混为一谈。

衮:兖兖诸公/衮衮诸公

【病例】冯玉祥走进会议室,只见烟雾缭绕,乌烟瘴气,他扫了一眼兖兖诸公,又返身退了出来。

【诊断】形似致误。

【辨析】"兖兖诸公"应为"衮衮诸公"。"衮",音gǔn。会意兼形声字,上下合起来是衣服的"衣",中间是个"公"字,表示在祭祀大典等公众场合穿的礼服,"公"亦表声。本义指古代天子穿的绣着龙的礼服。也指三公穿的礼服。后可用作名词,借指三公的职位,如"衮职有阙"。因衮服上有龙屈曲之形,故"衮衮"可指连续翻动的样子。所谓"衮衮诸公",泛指穿着官衣、身居高位的官僚。"兖",音yǎn。上面的"六"是由水流的形状演变过来的,下面的"允"是声符。本义是水的名称。兖水发源于河南王屋山南,东流至山东入渤海。古代以水名作州名,兖州为九州之一,今天仍沿用。

果:食不裹腹/食不果腹

【病例】"食不裹腹,衣不蔽体"早已成为历史,今天,人们对饮食的要求,已提高到一个崭新的阶段。

【诊断】音同致误。

【辨析】"食不裹腹"应为"食

桂冠

不果腹"。"果"和"裹"的读音均为guǒ。"果",本指树木结的果实。大凡果实,皆饱满而圆胀,庄子便用"果"来形容人的饱足的样子。他在《逍遥游》中写道:"适莽苍者,三餐而反,腹犹果然。""腹犹果然"就是肚子像果实一样圆滚滚的,故"果腹"有饱足义。成语"食不果腹",则是说吃不饱肚子,常用来形容贫苦的生活。"裹"虽和"果"同音,但意思是指在外部包扎、缠绕,"衣不裹腹"也许还可以说,"食不裹腹"让人无法理解。

涵:含泳/涵泳

【病例】 真正做学问的人,一定要沉得住气,含泳其中,如鱼得水,才能有所收获。

【诊断】音同义混致误。

【辨析】"含泳"应为"涵泳"。"涵"和"含"读音均为hán。"含"的本义是东西放在嘴里,不咽下去也不吐出来,故其字从"口"。"涵"的本义是"水泽多也",即含有的水分多,故其字从水。两字引申均有包括、容纳的意思,所以构成了一批异形词,如"含义"也可写成"涵义","蕴含"也可写成"蕴涵"。两者之间的不同是:"含"强调的是"藏",不使失掉,甚至到了强忍的程度,如含恨、含悲;"涵"强调的是"容",宽而容之,故可用作客套话,如包涵、海

涵。"涵泳"的"涵"有沉浸的意思，不宜用"含"。

捍：悍卫/捍卫

【病例】古往今来，多少仁人志士，为了追求自己的信仰，为悍卫人间的真理，献出了宝贵的生命。

【诊断】音同形似致误。

【辨析】"悍卫"应为"捍卫"。"捍"和"悍"读音均为hàn。"悍"本义为勇敢、猛烈，这是一种性格特征，所以是竖心旁。它可以用作褒义词，如强悍、剽悍、悍将；也可以用作贬义词，如悍然、凶悍、悍妇。"捍"，本义为保卫，是一种动作，所以是提手旁。"捍卫"是"捍"和"卫"两个同义语素构成的词，自应用"捍"而不用"悍"。

颔：颌联/颔联

【病例】鲁迅这首"打油诗"中，颌联两句"破帽遮颜过闹市，漏船载酒泛中流"，写得形象而又风趣。

甲骨文"果"

【诊断】形似致误。

【辨析】"颌联"应为"颔联"。这是两个形声字。它们的形旁都是"页","页"在古文字里是人头的象形,提示这两个字都与人头有关。区别这两个字的关键,是要搞清楚它们分别指称的对象。"颌",音hé。指口腔上下两个部位,如上颌、下颌。因为口腔上下能随意开合,所以"合"除了表音之外,也有表义的作用。"颔",音hàn。指下巴。律诗共八句,分为四联,除了首尾两联之外,第二联叫颔联,第三联叫颈联,就是按照下巴在上、脖子在下的顺序排列的。至于为什么把"点头"称为"颔首",大概是人在点头的时候先抬下巴的缘故吧。

撼:震憾/震撼

【病例】事情就在自己的身边发生,张小雨看到了这一切,内心受到了极大的震憾。

【诊断】音同形似致误。

【辨析】"震憾"应为"震撼"。"撼"和"憾"读音均为hàn。"撼"义为摇,即以手晃物,故形符从"手",唐诗中有"蚍蜉撼大树,可笑不自量"句。隶书"撼"字本写作"搣",声符"咸"兼有表义作用,"咸"有全、都义,因凡摇动皆全体受到波及。现流行的"撼"字是后起的俗字。"憾"字从"心",《玉

篇》的释义是:"憾,恨也。"此处的"恨"字不是仇恨、怨恨,而是心中有所缺失,即遗憾的意思。白居易《长恨歌》的最后两句便是:"天长地久有时尽,此恨绵绵无绝期。"可见,"撼"是外动于物,"憾"是内感于心,两字词义有明显的区别。

瀚:浩翰/浩瀚

【病例】无论是无边无垠的大海,还是辽阔浩翰的沙漠,都在诗人的笔下有了崭新的形象。

【诊断】音同形近致误。

【辨析】"浩翰"应为"浩瀚"。"瀚"和"翰"读音均为hàn。"翰",义为又硬又长的羽毛,因这种羽毛可做笔,"翰"又可借指毛笔和文章,写字可以称"挥翰",书信可以称"华翰"。"瀚"有三点水,原来指水势浩大,"浩瀚"常用来形容大海。后来也可喻指辽阔和繁多,如"浩瀚的沙漠""浩瀚的典籍"。

浩瀚的沙漠

皓：浩月当空/皓月当空

【病例】中秋佳节，浩月当空，苏东坡的"明月几时有"的诗句，油然浮上心头。

【诊断】音同致误。

【辨析】"浩月当空"应为"皓月当空"。"皓"和"浩"读音均为hào。文学作品中，经常写到月亮：明月、圆月、冷月、皓月……"皓月"的"皓"字，有人误为同音的"浩"字。"浩"是三点水旁，本义是形容水势的壮观，凡"浩"构成的词，都含有无边无际的意思，如浩大、浩荡、浩瀚、浩渺……而"皓"左边的"白"字，本是一个"日"字，"皓"是以日光比喻明亮，又由明亮引申指白，"明眸皓齿"是牙齿的白，"皓首穷经"是头发的白。皓月当空，人们感受到的是亮，而不是大，写成为"浩月"显然是受了读音的干扰。

合：凑和/凑合

【病例】这块表虽说款式陈旧，但走时还挺准的，你就凑和着用吧。

【诊断】音同义混致误。

【辨析】"凑和"应为"凑合"。"合"与"和"读音均为hé；在"凑合"一词中，"合"读作轻声。"凑"本作"湊"，从水，指水流汇聚处。"合"，甲骨文为器盖相合形，义为闭合、合拢。"凑合"一词，

本指聚集，由聚集引申指拼凑，又由拼凑引申指将就。所谓"凑合着用吧"，就是"将就着用吧"。"和"，本指声音的协调、和谐，由此又引申出和睦、平和、融洽等义。"合"强调的是彼此间的联系，"和"强调的是彼此间的关系，两者侧重点不一样。

阖：阁家/阖家

【病例】在这阁家团圆的日子里，大哥大嫂终于从千里之外赶了回来，爆竹点燃了人们心头的喜悦。

【诊断】音同形似致误。

【辨析】"阁家"应为"阖家"。"阖"与"阁"读音均为hé。"阖"的本义指门扇，故其字从门。引申指关闭，如成语"纵横捭阖"，"捭"是打开，"阖"是合拢。关上门有都在里面的意思，由此又引申出全部义，"阖家"就是全家。也可写成"合家"。"阁"同样和门有关，义为从外面关上门，这就造成了内外的阻隔，所以"阁"可构成"隔阂"等词。团圆的家

皓月当空

里可不能产生隔阂。

亨：大享/大亨

【病例】本是个浙江过来的渔民，想不到摇身一变，成了工商界的大享。

【诊断】形似致误。

【辨析】"大享"应为"大亨"。"享""亨"本为一字，现已分别使用。"享"，音xiǎng，这是个象形字，甲骨文呈殿堂形，象征祭祖的宗庙。这是"享"的本义。由宗庙引申指进献的供品、祭品，并进一步引申出享受义。"亨"，音hēng，在字形上比"享"字少一横，下面是个"了"字。因祭献而得到保佑，故"亨"有通达义，如"万事亨通"。鲁迅笔下的"咸亨酒店"，"亨"字也义为通达，"咸亨"出自《易经》。"大亨"本是个方言词，旧上海指某一方面有势力的人物，如"石油大亨""棉纱大亨"。"大亨"的"亨"读音为hēng，自应用"亨"不用"享"。

后：皇天厚土/皇天后土

【病例】他们俩垒土为坛，发下重誓："皇天厚土作证，若有半点不忠不义，将天诛地灭！"

【诊断】音同致误。

【辨析】"皇天厚土"应为"皇天后土"。"皇"，

形声字,上面的"白"是义符,下面的"王"是声符。"白"在甲骨文中表示"日"上有光芒。所以,"皇"其实是"煌"的本字,义即"辉煌"。后来引申指"大"。也引申指"美"。古人认为"天"是世上最大最美的,"皇"又引申指"天"。进一步引申指古人心目中的"天神"或"天帝"。"皇天"一词是对"天"或"天神"的尊称。"后",会意字,上面部分是"人"字形体的变形,下面部分是"口",本义是"君主""帝王"。"君王"在古人眼中是发号施令的大人物。古人有"土地"崇拜的信仰,认为大地是万物的主宰,所以尊"大地"为"后"或"后土"。后世还可指"土神"或"地神"。"皇天后土"犹言"苍天大地"或"天神地祇",其"后"显然不能写作厚薄的"厚"。

候:侯车室/候车室

【病例】正是春节前夕,侯车室里人头攒动,人声鼎沸,几乎找不到插脚

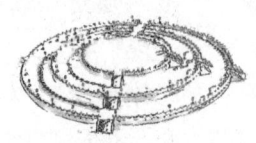

北京地坛,是我国现存最大的祭地之坛

的地方。

【诊断】形似致误。

【辨析】"侯车室"应为"候车室"。侯、候二字仅一小竖之差。在甲骨文中,"侯"是个会意字,前面是一块布,后面是一支箭,义为射箭用的布靶。上古以善射者为长,故"侯"后引申指尊者,是公、侯、伯、子、男五等爵位中的第二等。"候"为形声字,从人矦声。《说文》的解释是:"候,伺望也。"本义指守望、放哨,后引申出等待、探望等义。"候车室"的"候"即用其引申义,中间的一小竖是不能少的。

涣:焕然冰释/涣然冰释

【病例】这两位"花样爷爷",昨天还为一块蛋糕吵得不可开交,今天所有的矛盾已焕然冰释。

【诊断】音同形似致误。

【辨析】"焕然冰释"应为"涣然冰释"。"焕"和"涣"都是形声字,其形符是很有标志性的。"焕"字从火,义为火光明亮的样子,引申指光亮、鲜明,故"焕然一新""精神焕发",用的都是"焕"字。"涣"字从水,本义是水流四处流失,不露痕迹。所谓"涣然冰释",从字面意思理解,就是消失得无影无踪,犹如春天的冰融化一样。它常用来比喻矛盾或疑团的化解。这个"涣然"当然不同于那个"焕然"。

肓：病入膏盲/病入膏肓

【病例】蓉姨已到了病入膏盲的地步，连主治医生也无奈地摇了摇头。

【诊断】形似误读致误。

【辨析】"病入膏盲"应为"病入膏肓"。"膏"和"肓"皆为形声字，指身体的某个部位，故形符为"月"即"肉"。"膏"指心尖脂肪，"肓"指心脏和膈膜之间。"病入膏肓"出自《左传》，说鲁成公患病，病"在肓之上，膏之下，攻之不可，达之不及，药不至焉，不可为也"。"膏肓"是药力达不到的地方，因此"病入膏肓"常用来比喻事情已到了无可挽救的地步。"盲"，音máng，义为看不见，故其字从"目"。"肓"，音huāng，和"盲"音义迥异，但因两者形似，有人误读为máng，从而导致误写。

隍：城皇庙/城隍庙

【病例】九曲桥是位于上海老城皇庙的一大景观，一到双休日，桥上行人挤得水泄不通。

城隍庙

【诊断】音同致误。

【辨析】"城皇庙"应为"城隍庙"。"皇"为会意字,从金文字形看,是太阳正从地上升起,象征光芒万丈,为"煌"的本字,后转指先人、神仙,特指古代君王,如"三皇五帝"。秦以后专指君王。"隍"为形声字,义为没有水的护城壕。所谓"城隍",本即城池,后用来称传说中守护城池的神。旧时城市中常有供奉城隍的城隍庙。因"皇"有君王的意思,所以易和守护城池的神混淆起来,把"城隍庙"误写成"城皇庙"。

诙:恢谐/诙谐

【病例】谐谑曲是一种恢谐而又有戏谑情趣的器乐曲,是在小步舞曲的基础上发展演变而成的。

【诊断】音同形似致误。

【辨析】"恢谐"应为"诙谐"。"诙"和"恢"读音均为huī。"恢",《说文》的解释是:"大也。"本义指宏大、宽广。《老子》中便有"天网恢恢,疏而不漏"的句子。"诙",《广雅·释诂四》的解释是:"调也。"本义指调笑,故其字从"言"。所谓"诙谐",即说话能让人发笑,其义和大小无关,故不能用"恢"。

彗:慧星/彗星

【病例】人们往往把战争、瘟疫等灾难归罪于慧星的

出现,但这是毫无科学根据的。

【诊断】音同形似致误。

【辨析】"慧星"应为"彗星"。"慧"和"彗"读音均为huì。"彗"的本义是扫帚,这是一个象形兼会意字。甲骨文的写法,形如两把扫帚,后来古文又在下面加上了手,会手持扫帚打扫的意思。"彗星"是围绕太阳转的星体,当接近太阳时,有长长的光尾,形如扫帚,故称"彗星",俗称扫帚星。"慧"的本义是聪明、机灵,故其字从心,如"聪慧""秀外慧中"。加了个心字,是个形声字,是"智慧"的"慧"。两者音同,"慧"又用"彗"做音符,所以常有人把"彗星"错写成"慧星"。

喙:不容置啄/不容置喙

【病例】班子开会,每次只听他高谈阔论,别人不容置啄,成了典型的"一言堂"。

【诊断】形似致误。

【辨析】"不容置啄"应为"不容

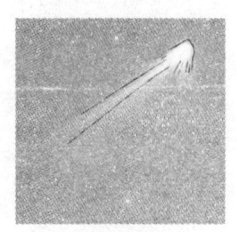

彗星

置喙"。"喙",音huì,指鸟兽虫鱼的嘴巴,故其字从口。后也可指人的嘴巴,"百口难辩"便可说成"百喙难辩"。"啄",音zhuó,指鸟用嘴取食,故其字也从口。《战国策》"鹬蚌相争"中,分别用到了这两个字:"蚌方出曝,而鹬啄其肉,蚌合而拑其喙。""啄其肉"是鹬用嘴取食蚌肉,用"啄";"拑其喙"是蚌用力夹住鹬的尖嘴,用"喙"。前为动词,后为名词。

乩:扶乱/扶乩

【病例】观里有个老道,村里人遇有大事,总请他来扶乱指示迷津。

【诊断】形似致误。

【辨析】"扶乱"应为"扶乩"。"乱"左边是"舌","乩"左边是"占",两字字形有别。"乩",音jī。"扶乩"是一种迷信活动。了解它的关键正在于这个"占"字。占者,卜也。"扶乩"是一种占卜形式,通常是一个架子上吊着一根木棍,两个人扶着架子,因用力不平衡,架子移动时木棍便会在沙盘上留下痕迹,然后扶乩者按照这些痕迹演绎"神"的意旨。扶乩——扶着占卜。写作"扶乱"是说不通的。

嵇:稽康/嵇康

【病例】"竹林七贤"之一的嵇康,与阮籍齐名,并称嵇阮。

【诊断】音同形似致误。

【辨析】"稽康"应为"嵇康"。"嵇"和"稽"读音均为jī。"稽"本作"𥝤","旨"是后加的声符。在金文中,以禾头弯曲,表示不再向上生长,故"稽"的本义是停留、延迟,如"稽留""稽延"。由此引申指考核、调查,如"无稽之谈"。而"嵇"是一个形声字,从山稽声,"稽"用的是最初的字形"𥝤",本是山名,在今安徽省宿县以西。又用作姓。嵇康是三国魏文学家,出生在嵇山脚下,其姓无疑和嵇山有关。

跻:挤身/跻身

【病例】作为一个山里的孩子,能够挤身人民教师的队伍,我感到十分光荣,十分荣幸。

【诊断】音近形似致误。

【辨析】"挤身"应为"跻身"。"跻",读jī,本义为上升,故其字从足,引申可指达到。所谓"跻身",即

扶乩

上升到某种行列之中。"挤"本义是用力推开,故其字从手。引申可指紧紧靠在一起,组成的词语如拥挤、挤压等。"跻身"是自己置身其中,是拥有自己应有的位置,不是强行挤入其中,故不能用"挤"。

箕: 萁居/箕踞

【病例】荆轲之所以萁踞,显然是想以这样的姿势,表示对秦王的藐视,显示自己的英雄气概。

【诊断】形似致误。

【辨析】"萁居"应为"箕踞"。"箕",音jī。指竹篾或柳条之类编成的簸箕。所谓"箕踞",指一种坐的姿势,即两腿叉开,像簸箕一样地坐着。在古人眼中,这种坐法是十分放肆的。这不仅因为这种坐法不拘礼节,率性而为,而且也和古人的服饰有关。古人上衣下裳,裳类似于今天的裙,里面不穿内裤,靠裳遮掩下体。"箕踞则如袒裸",自然为社会道德所不容。"萁",音qí,豆的秸秆。"煮豆燃豆萁"的"萁",和坐立无关。

及: 迫不急待/迫不及待

【病例】接到信后,真是迫不急待,连夜赶到县城,坐等第一班车发车。

【诊断】音同义混致误。

【辨析】"迫不急待"应为"迫不及待"。"及"和"急"读音均为jí。"迫不及待"是一个常用成语。"迫",义为急迫、紧迫;"待",义为等待,此处可指耽搁。整个成语的意思是:事情紧迫得来不及等待,即不能再有片刻耽搁。也许因为成语强调的是一个"急"字,而"急"又和"及"同音,因此"及"字容易误为"急"字。"不及待"文从字顺,"不急待"则文理不通。

即:既使/即使

【病例】时间只剩下十天了,既使前面是刀山火海,我们也要冲过去,保证按期完成任务。

【诊断】音近形似致误。

【辨析】"既使"应为"即使"。要区分这两个字,应了解一下甲骨文的写法。在甲骨文中,既、即的左边都是供饮食用的食器,右边是就餐的人。它们的不同在于:"即"中的人正在靠近食器,准备享用;"既"中的

箕踞

人已经吃完,掉头不顾。因此,"即"可以表示靠近、开始、当下等义;"既"则表示结束。在用于连词时,"即"说的是没有发生的事,比如"即使下雨,运动会也举行",这个"即使"是假设性的,只能用"即"不能用"既";而"既"说的是已经发生的事,"既往不咎","既来之,则安之","既生瑜,何生亮",所有的"既"都是既成事实,只能用"既"不能用"即"。

笈:负芨/负笈

【病例】在战火纷飞的年代,爷爷有一段负芨求学的经历,走遍了大半个中国。

【诊断】音近形似致误。

【辨析】"负芨"应为"负笈"。"笈",音 jí,义为书箱,最初书箱多用竹子编成,故其字为竹字头。"负笈"即背负书箱,因此常用来指求学。"负笈英伦"即到英国留学,"负笈东瀛"即到日本读书。"芨",音 jī,一种多年生草本植物,块茎可入药,故其字为草字头。常见的芨芨草,叶狭长,花灰绿,可造纸。"负芨"的字面意义是背草,显然是说不通的。

辑:编缉/编辑

【病例】作为编缉,他的最大的特点就是有独到的眼光,能够发现有发展空间的作者。

【诊断】音近形似致误。

【辨析】"编缉"应为"编辑"。"辑"读jí,本义为把相关部件组合成车厢,故其字为车字旁。由此引申出集中义、聚集义,"编辑"之所以用"辑",就和聚集材料有关。"缉"读jī,本义为把麻析成缕,搓捻成线,故其字为绞丝旁。由此引申出编次、整理的意思,在古代可通"辑"。但"编辑"现已定型,只能用"辑"不能用"缉"。"缉"字的现代常用意义为捉拿,组成的词有缉捕、通缉、缉私等。

瘠:贫脊/贫瘠

【病例】酸雨会造成土壤酸化、贫脊化,还会殃及河里的鱼虾。

【诊断】音近义混致误。

【辨析】"贫脊"应为"贫瘠"。"瘠",音jí,是一个形声兼会意字,病字头加一个"脊",表示病得脊柱突出,骨瘦如柴。"脊",音jí,是一个象形兼会意字,上面是人的脊柱的形

竹编书箱

状,下面的"月"即肉,表示和人体有关。土壤贫瘠化是一个比喻的说法,形容土地像病人一样瘦弱不堪,理应用"瘠"。

计:空城记/空城计

【病例】小夫妻俩把衣服晒在外面,制造全天在家的假象,其实早就抽身去了南京,演了一场"空城记"。

【诊断】音同致误。

【辨析】"空城记"应为"空城计"。"计"是会意字,从言从十,本义指结算,后引申出计划、计谋、策略义。"空城计"见于《三国演义》,马谡失街亭以后,司马懿率军直逼城下,诸葛亮无奈定下空城计。这个"计"是计策、计谋,不是记载、记录,不应用"记"。

伎:技俩/伎俩

【病例】网络诈骗的技俩都是大同小异的。

【诊断】音同形似致误。

【辨析】"技俩"应为"伎俩"。"伎"和"技"读音均为jì。古代"伎"可通"技",指才智、技巧。"技俩"和"伎俩"这两个词都是有的,都可指技能、技巧,不含贬义。但由于"伎"又可通"妓",在感情色彩上逐渐发生变化,近代以来"伎"专指玩弄手段或花招。"伎俩"因此不再写作"技俩"。

既:一如继往/一如既往

【病例】尽管发生了这场误会,我们仍将坚守环保工作者应有的立场,一如继往地关心我们的地球。

【诊断】音同义混致误。

【辨析】"一如继往"应为"一如既往"。"既"和"继"读音均为jì。"既往"义为过去、以往。"一如既往"即完全和过去一样。这里的"既"是已经的意思,副词性语素。"继往"见于成语"继往开来",义为继承前人,继承传统,"继"是接续、连续的意思,动词性语素。"一如继往"这一误例,是成语"一如既往"和"继往开来"相互干扰、相互拼接的产物。

济:挤挤一堂/济济一堂

【病例】多功能大厅里,除了参加比赛的选手,大赛的工作人员,还有媒体的记者,堪称挤挤一堂。

【诊断】音近形似致误。

【辨析】"挤挤一堂"应为"济济一堂"。"济"是个多音字,常用

空城计

的读音是jì，义为渡河，如"同舟共济"。引申指救助、帮助等，如"济困扶危""无济于事"。另一个读音是jǐ，古水名，即济水。现多用于地名中，如济南、济宁。构成"济济"一词，义为众多的样子。"济济一堂"就是众多的人聚会在一起。这不是人挤来挤去，不能用"挤"。

浃：汗流夹背/汗流浃背

【病例】小李到工地上锻炼，每天背水泥、砌砖头，从早到晚，忙得汗流夹背。

【诊断】音同义混致误。

【辨析】"汗流夹背"应为"汗流浃背"。"夹"和"浃"都可读jiā。"浃"的意思是浸渍、湿透，和水有关，故其字是三点水旁。"汗流浃背"即汗流得太多，连背脊都湿透了，形容极度恐慌或惭愧的样子。现在常形容天气过热或在紧张剧烈的劳动中满身大汗。"夹"是一个会意字，繁体字是中间一个"大"，旁边两个"人"，义为从两边加以挟持。虽然"夹"有多种意义，但无一和"湿透"有关，故"汗流浃背"不能写成"汗流夹背"。

戛：嘎然而止/戛然而止

【病例】河塘里的青蛙呱呱呱地在叫，一个比一个

响,但一听见岸上的脚步声,叫声便戛然而止。

【诊断】形似误读致误。

【辨析】"嘎然而止"应为"戛然而止"。"嘎"是象声词,音gā,如鸭子的"嘎嘎"叫声。"戛"本只有一个读音:jiá;现在有人主张增加gā音,用作译名用字,如法国小城"戛纳"。读jiá的"戛",其中有一个义项是突然,所谓"戛然而止",就是突然停止。由于有人想当然地把"戛"误读成了gā,结果也写成了"嘎",于是"嘎然而止"便成了一个习惯性的错误。

菅:草管人命/草菅人命

【病例】封建官吏都能做到"衙斋卧听萧萧竹,疑是民间疾苦声",作为一个人民法院的法官,怎么能够草管人命呢?

【诊断】形似误读致误。

【辨析】"草管人命"应为"草菅人命"。"菅",音jiān,不读guǎn。"菅"从草,义为野草。所谓"草菅人

小篆"浃"

命"，就是把人命看得如同野草一样，任意残杀无辜。语本《大戴礼记·保傅》："其视杀人若艾草菅然。岂胡亥之性恶哉？""管"从竹，义为竹管或竹管制成的物品，也可泛指管状物。"管窥""管见"是常用的谦词。管、菅二字字形相似，但音义迥然有别。

拣：挑肥捡瘦/挑肥拣瘦

【病例】一个共产党员，应该吃苦在前，享乐在后，敢挑重担，乐于奉献，而不是挑肥捡瘦，打小算盘。

【诊断】音同义混致误。

【辨析】"挑肥捡瘦"应为"挑肥拣瘦"。"拣"和"捡"读音均为jiǎn。两字同为提手旁，又都有拾取的意思，如"捡破烂"也可写成"拣破烂"，因此很容易混淆。它们关键的区别是："捡"只能用于拾取；而"拣"除了拾取义外，还可以表示挑选。"挑肥拣瘦"的"拣"是挑选的意思，只能用"拣"。

睑：眼脸/眼睑

【病例】听了老黄的话，小宋姑娘难为情地低头垂下眼脸，那缕浓黑的头发遮住了她的半边脸庞。

【诊断】形似误读致误。

【辨析】"眼脸"应为"眼睑"。"眼睑"是个比较专业的说法，通常的说法是眼皮。由于"睑"和"脸"

高度形似,有人把"眼睑"读成了"眼liǎn",也写成了"眼脸"。其实,"睑"的左边是目字旁,它的读音是jiǎn,指眼睛周围能开闭的眼皮,在它的上面长有睫毛。汉语中没有"眼脸"一说。

剑:明枪暗剑/明枪暗箭

【病例】祖父死后,大哥因为做了承重孙,便成了明枪暗剑的目标。家庭气氛变得更加压抑。

【诊断】音同义混致误。

【辨析】"明枪暗剑"应为"明枪暗箭"。"箭"和"剑"读音均为jiàn。"箭"可在远处、暗处发射;"剑"为短兵器,适合于近战。所以"箭"和"剑"虽同为武器,却不能混用。距离远或暗地里伤人要用"箭",面对面地公开作战要用"剑"。所谓"明枪暗箭"是一个比喻,既包括公开的攻击,也包括隐蔽的攻击,意思是用尽各种手段,所以不能写成"明枪暗剑"。"剑"多用于公开的较量。

眼 睑

鉴：签赏/鉴赏

【病例】他既关注木雕的使用价值，又重视它的签赏价值，还特别享受购买时的精神满足。

【诊断】形似致误。

【辨析】"签赏"应为"鉴赏"。"鉴"的繁体字作"鑒"，本是古代一种金属做的盆。在镜子发明前，古人常用这种盆盛水"照镜子"。铜镜发明后，具有同样功能，故也称"鉴"。唐太宗李世民有句名言："以铜为鉴，可正衣冠；以史为鉴，可知兴替；以人为鉴，可明得失。"其中的"鉴"即镜子。再引申指"照"。如"水清可鉴""光可鉴人"等。进一步引申指"审察""仔细看"。如"鉴定""鉴别"等。还可指使人警戒或引以为教训的事。如"前车之鉴""引以为鉴"等。鉴赏，即仔细审视或判断（真伪、优缺点等）及欣赏。如"鉴赏字画""鉴赏古诗词"等。"签"的本义是指"书签"，没有审视或判断的意思。

佼：姣姣者/佼佼者

【病例】小玲不但书读得好，琴也弹得很棒，是班级里的姣姣者。

【诊断】音近形似致误。

【辨析】"姣姣者"应为"佼佼者"。"佼"，音 jiǎo，指美好；重叠后"佼佼"也指美好，或是超过一

般水平。"佼佼者",义为出类拔萃的人。"姣",音jiāo,也指美好,两者音近形近,但用法不同。"姣"只用于对容貌的描写,如"姣好、姣美、姣艳"等;"佼佼"除了形容容貌外,还可以指整体的优秀。"佼佼者"即是一种整体评价。

矫:娇揉造作/矫揉造作

【病例】握手,寒暄,落座,一切如仪,但我总觉得有一种娇揉造作的感觉。

【诊断】形似义混致误。

【辨析】"娇揉造作"应为"矫揉造作"。义为过分做作,很不自然。"撒娇"正是做作的一种表现,故常有人误"矫"为"娇"。这是一种错误的意义联想。其实,矫、揉二字是有特定含义的。"矫",意思是让弯的变直,"矢"的特点是直,故以矢为形符;"揉",则是让直的变弯,这是手的一种动作,故以手为形符。这两种做法都不是顺其自然,从而留下了人为

古代铜镜

的痕迹。可见,矫、揉是"造作"的原因,"造作"则是矫、揉的结果。"娇"尽管有多种义项,但都是形容词,和动词"揉"无法搭配成词。

脚:挖墙角/挖墙脚

【病例】我还记得那幅漫画,几个挖墙角者兴奋地抱着砖头,殊不知一堵高墙正向他们压下来。

【诊断】音同致误。

【辨析】"挖墙角"应为"挖墙脚"。墙角,指两堵墙相接而形成的角落;墙脚,则是指墙根,是支撑整幢建筑的基础部分。"挖墙脚"是一种比喻性的说法,形容一种极其危险的破坏行为。"挖墙角"虽然会对建筑物产生影响,但一般来说不是致命的;只有"挖墙脚"才会产生整体颠覆作用。因此,"挖墙角"改为"挖墙脚",才符合表达的意图。

截:直接了当/直截了当

【病例】在民主生活会上,张书记再次强调,有话要直接了当,不要吞吞吐吐、拐弯抹角。

【诊断】音近义混致误。

【辨析】"直接了当"应为"直截了当"。在历史上,"直截了当"有写作"直捷了当"的,但不写作"直接了当"。把"截"写为"接"视为一个差错,除

了考虑词形的规范外,还因为两者在词义上存在微妙差别。所谓"直截",就是不兜圈子,不绕弯子,它和后面的"了当",表达的是同样的意思:干脆、爽快。这是一种态度。而"直接"是和间接相对应的,说的是不经过中间环节,进入下一个过程,它强调的是一种程序。考虑到"直截了当"的表达意图,理应取"直截"而不是"直接"。

藉:狼籍/狼藉

【病例】回到老家,一踏进门,只见满院狼籍,不禁想起母亲在世时的情景。

【诊断】音同形似致误。

【辨析】"狼籍"应为"狼藉"。"籍",音jí,本义指簿书,即古代记录户口、赋税的档案。古代以竹简为书写材料,故其字从竹。"藉"也有jí音,本义为草垫子,故其字为草头。传说狼性狡猾,夜间息于草上,第二天离开时必把草弄乱,以不留痕迹,由是"狼藉"一词便有了凌乱、杂沓义。这

挖墙脚

和草垫子的本义有关，理应用从草的"藉"。

金：一诺千斤/一诺千金

【病例】人无信不立。一诺千斤是中华民族的传统美德。与朋友交往当坚守一个信字。

【诊断】音同致误。

【辨析】"一诺千斤"应为"一诺千金"。"一诺千金"的典故，说的是西汉时楚人季布的故事。此人豪爽仗义，楚地流传的谚语说："得黄金百，不如得季布一诺。""诺"，承诺的意思。后来用"一诺千金"，表示做人的信用极高，凡答应别人的，一定能够兑现。"千金"，指很多的黄金。这里强调的是价值，而不是指重量，因此，不能把"千金"写成"千斤"。

兢：竞竞业业/兢兢业业

【病例】他们抱着高度负责的精神，竞竞业业办教育，为国家作出了重大贡献。

【诊断】音近形似致误。

【辨析】"竞竞业业"应为"兢兢业业"。"兢"是个会意字。金文字形像两人头顶重物形，头顶重物应小心，故本义为"危惧""小心谨慎"。"兢兢业业"是个成语，出自《诗经·大雅·云汉》："旱既大甚，则不可推。兢兢业业，如霆如雷。"毛传："兢兢，恐也；

业业,危也。"兢兢业业,形容危惧的样子。后来多形容小心谨慎,丝毫不敢懈怠。"竞"的繁体字作"競",和"兢"形似,甲骨文形体像两人竞技之形。其本义为"角逐""比赛"。现在常用的"竞赛""竞技""竞争"等词语中的"竞",即为此义。汉语中没有"竞竞"一词。

阱:陷井/陷阱

【病例】街头的海报上赫然写着:"设陷井,女老板偷漏税款心生毒计;造假供,贫弱女为救母亲诬陷男友。"

【诊断】音同义混致误。

【辨析】"陷井"应为"陷阱"。"阱"和"井"读音均为jǐng,又均为地上挖出的洞或坑,但两字用途悬殊。"井",甲骨文像木头纵横搭出的井栏形,本义指水井。引申指类似水井的物体,如矿井、油井、天井。古代凡人居处必有井,故"市井"一词可指乡里。"阱"则是会意字,从阜从井。《说文》:"阱,陷也。"本义指防御或捕

陷阱

捉野兽的陷坑。"陷"和"阱"为同义语素。一个是用于捕捉的"阱",一个是用于汲水的"井",两者的用途是不相干的。

儆:以敬效尤/以儆效尤

【病例】教育局严厉处罚了负责招生的当事人,目的是以敬效尤,防止此类事件的再次发生。

【诊断】音近形似致误。

【辨析】"以敬效尤"应为"以儆效尤"。"儆",音jǐng,本义是"警戒""戒备"。引申指"警告""使戒惧",如"杀鸡儆猴"。"以儆效尤"是个成语,意思是用处理一个坏人或一件坏事的办法,以警告效仿坏人坏事的人。"敬",音jìng,是个会意字,本义是"恭敬""严肃"。引申指"有礼貌地献上",如"敬酒""敬茶"等等。跟着坏人学样的"效尤者",不是警告他们,而是敬重他们,岂非是一桩怪事?

胫:不径而走/不胫而走

【病例】科学讲座的消息不径而走,校内的海报还没贴出,外校的电话就不停地打进来。

【诊断】音同形似致误。

【辨析】"不径而走"应为"不胫而走"。"胫"

和"径"读音均为jìng。"径"义为小路。《老子》第五十三章:"大道甚夷,而民好径。"此处的"径"便是荒山野道。"胫"则指下肢从膝盖到脚跟的部位,即通常说的小腿。成语"不胫而走"是固定结构,不宜随意改变;从词汇意义来说,"不胫"要比"不径"更有力度。世间没有路可以走出路来,只要迈动双腿,路便在你的脚下;而没有腿却能飞速奔跑,才是令人惊讶的奇迹。"不胫而走"正是以此来形容消息传布的迅速和影响的巨大的。

竟: 竞技/竟技

【病例】局工会组织的青工竟技活动,掀起了钻研技术的热潮。

【诊断】音同形似致误。

【辨析】"竟技"应为"竞技"。"竞"和"竟"读音均为jìng,在字形上仅一横之差。从甲骨文来看,"竟"是一个人在吹喇叭,意思是乐曲终止。引申可指终了,如"神龟虽寿,犹有竟时","竟"便是结束。

甲骨文"竟"

又引申指整个、从头到尾，如竟日、竟夜。"竞"，繁体字作"競"，甲骨文像两个人吹喇叭，其本义为"竞争""比赛"。所谓"竞技"，通常指体育比赛，也可泛指各种技艺的比拼。这和"竞"的本义是一致的，理应用"竞"。

阄：抓阉/抓阄

【病例】参加培训的名额只有两个，望着大伙期盼的眼神，潘经理只好决定采用抓阉的办法。

【诊断】形似致误。

【辨析】"抓阉"应为"抓阄"。"阄"，音jiū。这是一个形声字，形符本是"鬥"，现简化作"门"，看不出本来面目了。其本义是指抓取事先写好记号的纸卷或纸团，以决定事情的做法或打赌的胜负。所以《说文解字》的解释是："斗取也。"现多指供抓取的纸卷或纸团本身。"阉"，音yān，本义为阉割，古代的宦官便称为"阉人"，宦官结成的帮派便是"阉党"。"抓阉"字面意思成了抓太监。

雎：关关雎鸠/关关睢鸠

【病例】"关关睢鸠，在河之洲……"这是《诗经》开篇的一首诗，在关于爱情的散文中有着极高的引用率。

【诊断】形似致误。

【辨析】"关关雎鸠"应为"关关雎鸠"。"雎",音jū,形声字,声旁"且"表音,形旁"隹"是鸟的象形。雎鸠,指水鸟。"关关雎鸠"即水鸟发出欢快的鸣叫声。"睢",音suī,会意字,看上去和"雎"很相像,但它的左边是"目"不是"且",和眼睛有关。"睢"表达的意思是:"隹"即鸟在天上飞,人的眼睛朝天看,所以《说文》的解释是:"仰目也。"一个眼睛朝天的人,必然会显得傲慢。成语"暴戾恣睢","恣睢"即为蛮横强暴,目空一切。可见,"睢"和"雎"是混淆不得的。

咀:诅嚼/咀嚼

【病例】生活是由幸福和痛苦合成的,只有学会诅嚼苦难的人,才能品味到生活的真谛。

【诊断】形似致误。

【辨析】"诅嚼"应为"咀嚼"。"咀",音jǔ,本义是把东西含在嘴里,细细品味。由物质引申到精神,

关关雎鸠

可指对事物的反复体会。因和咬嚼有关，故其字从口。"诅"，音zǔ，本义为向鬼神祷告加祸于自己的仇人，引申泛指咒骂。骂人当然和言语有关，故其字从言。"咀嚼"一词是同义语素构成的合成词，能够和"嚼"组合的当然是"咀"而不是"诅"。古代"咀"可通"诅"，现代汉语不再通用。

具：家俱/家具

【病例】凡用木框构架，前后左右均没有挡板的家俱统称为架，明式家俱中称之为"架格"。

【诊断】音同致误。

【辨析】"家俱"应为"家具"。"具"是一个会意字，甲骨文为两手捧着一个鼎之类的食器，表示供设酒食，由此引申出备办义，并进一步引申指所备办的用品、器物。"家具"即家用的器物。"俱"是形声兼会意字。"具"既是声符，也表具备的意思。"俱"是副词，是全、都的意思，可修饰动词或形容词，如"应有俱有、一应俱全"。"俱"和器物无关，"家具"不应当写作"家俱"。

诀：决窍/诀窍

【病例】低碳生活有决窍，比如用电饭煲煮饭，提前淘米并浸泡10分钟，可节电约10%。

【诊断】音同形似致误。

【辨析】"决窍"应为"诀窍"。"诀"和"决"读音均为jué。"窍"是穴字头,本义与孔洞有关。引申指人呈孔洞状的器官,人生气时是"七窍生烟"。古人认为心脏也有窍,所以有"鬼迷心窍"一说。由孔的通达,"窍"又可用来比喻做事的要害或关键。"诀"也有类似的意思,指巧妙的做法或做事的关键,如妙诀、秘诀,所以它能和"窍"搭配。"诀窍"指高明的方法、成功的窍门。而"决"本义是决口,引申出来的义项很多,但和"窍"无关。

矍:钁铄/矍铄

【病例】年过八旬的徐大爷,还是每天精神钁铄地在社区老年之家忙碌。

【诊断】音同义混致误。

【辨析】"钁铄"应为"矍铄"。"矍"和"钁"读音均为jué。"矍"的本义指惊惶四顾、惊视。"铄"的本义指熔化,引申为明亮、光明。"矍铄"

古代家具——案

是形容老人目光炯炯、精神健旺。《后汉书·马援传》中有"矍铄哉,是翁也"的描写。"钁"的本义是一种用来挖掘土地的农具,和精神健旺是风马牛不相及的。

竣:峻工/竣工

【病例】入秋以后,工程速度明显加快,如材料能跟上,下月即可峻工。

【诊断】音同形似致误。

【辨析】"峻工"应为"竣工"。"峻"从山,形容山势高而陡,如王羲之《兰亭集序》中有"此地有崇山峻岭、茂林修竹"的名句。"竣"从立,"立"是不动的意思,"竣"的本义即停止。这个"立"和事情做完有关。张衡《东京赋》:"千品万官,已事而竣。""已事"就是完事。"竣"是因为"已事"的缘故。由此,"竣"又引申出完成、结束的义项。"竣工"就是完工,和山势高低无关,当然不能写成"峻工"。

炕:坑席/炕席

【例句】坑席上铺着手工织的毛毯,搁在上面的小桌上摆满了热腾腾的菜,屋里其乐融融。

【诊断】形似误读致误。

【辨析】"坑席"应为"炕席"。"炕",音kàng,我国北方农村用土坯砌的土台,可坐可卧。下面有孔

道,孔道两端连接炉灶与烟囱,烧火后可以取暖。"炕席"即铺炕的席子。"坑",音kēng,指洼下去的地方,如"一个萝卜一个坑"。"坑"旧可通"炕",但早在宋代时已不通用,"火炕"不能写作"火坑"。南方没有火炕,常有人因为形似把"火炕"读为"火kēng",笔下也误为"火坑"。

棵:一颗树/一棵树

【病例】山坡上有一颗树,每当鬼子进村的时候,树就会被推倒,村民们看到树倒了就会及时转移。

【诊断】音同义混致误。

【辨析】"一颗树"应为"一棵树"。颗、棵混用,主要和读音有关,但也不能排斥历史原因。"颗"从页果声,本义是"小的头颅"。因此可指小而圆的颗粒状物体。后来,又引申出量词的用法,其所用对象仍然限于小而圆的颗粒状物体,如两颗樱桃,一颗花生米。明清以后,"颗"可用于计量树木等植物,如《西游记》中有"你去把那崖边柳树伐四颗来"。与此同时,

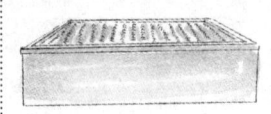

坑 席

本义为"断木"的"棵"字也可用作量词,同样可以用于计量树木等植物。现"颗"和"棵"量词用法,已有明确的分工:"颗"字回归本位,限用于颗粒状物体;而"棵"字则表示树木等植物,"一棵树"自不能写成"一颗树"。

窠:不落巢臼/不落窠臼

【病例】意犹帅也。文章应以立意为先,方能不落巢臼,别具神韵。

【诊断】形近义混致误。

【辨析】"不落巢臼"应为"不落窠臼"。"巢"和"窠"都可以指鸟的窝,但是"窠臼"不是"巢臼"。"窠",音kē,所谓"窠臼",和老式木门有关。这种木门一般为两扇,围着边轴转动,轴的一头就安置在窠臼里。这种"窠臼"就是门轴下臼形的凹洞。因为木门只能一成不变地在窠臼里转动,所以"窠臼"常用来指老套路、老格式。

抠:扣字眼/抠字眼

【病例】在小组讨论时,组长号召大家扣字眼,对决议逐字逐句地议论。

【诊断】音近义混致误。

【辨析】"扣字眼"应为"抠字眼"。"扣"和

"抠"均是手的动作,故两字为提手旁,但读音和字义不同。"扣",音kòu,有联结、扣留、减除等义项。"抠",音kōu,义为用手指或细小的东西挖,引申为深入探求。所谓"抠字眼",就是在字词上琢磨其含义或寻找其毛病。"抠"的深入钻研义,是"扣"所不具备的。

库:石窟门/石库门

【病例】两人一路摸去,终于见到了"光明里"的牌子,在一座石窟门前站定。

【诊断】音近致误。

【辨析】"石窟门"应为"石库门"。正如北京有"四合院"一样,上海有"石库门"。这是典型的具有地方特色的建筑样式。《汉语大词典》关于"石库门"的解释是:"一种旧式住宅建筑。正面为两扇黑漆大门,门框、门槛用粗石条做成。进门有一天井,两侧为厢房,正面为客堂。多为楼房,亦有平房。因大门式样类似旧时库房,故

老式木门

名。"石条材料,库房式样,这便是"石库门"的得名依据。石窟,多为依山岩开凿的石洞或寺庙,如敦煌石窟、云冈石窟,和现代城市建筑无关。

侩:市狯/市侩

【病例】作家以尖锐的笔锋暴露市狯的奸诈,充分表现了反中庸、反投机的斗争精神。

【诊断】音同义混致误。

【辨析】"市狯"应为"市侩"。"侩"和"狯"读音均为kuài。单人旁的"侩",本义为"合市也",即撮合市场交易;后引申为名词,指介绍买卖从中取利的人。"市侩"即"侩",这类人,为了牟利,往往不择手段,故"市侩"有了明显的贬义色彩,可泛指唯利是图的人。旧指专为别人介绍买卖从中取利的人。反犬旁的"狯"是形容词,本义为狡诈、狡猾,常用词如"狡狯"。"市侩"误写成"市狯",既和读音有关,也和字义有某种相似点有关。

脍:烩炙人口/脍炙人口

【病例】那年诗人复出,犹如一块蓄积了巨大能量的煤熊熊燃烧,写出了一批烩炙人口的作品。

【诊断】误读义混致误。

【辨析】"烩炙人口"应为"脍炙人口"。"脍",

音kuài,从"月"即肉,本义指细切的肉。成语有"食不厌精,脍不厌细"。"炙"指烤熟的肉,"脍""炙"皆佳肴,常被用来指代美味。"烩",音huì,从"火",本义指一种烹饪方法,即把各种菜肴混合在一起烹煮。所谓"脍炙人口",意思是美妙的诗文传诵一时,如同美味一般,受到人们的普遍赞赏。由于有人把"脍"误读成了huì,而"脍""烩"二字意义上又有一定的关联性,结果"脍炙人口"便成了"烩炙人口"。其实"脍""烩"二字有明显不同的形符,它们一个是烹调成品,一个是烹调方法,不是一回事。

匮:馈乏/匮乏

【病例】一个人思想失去自由比起物质馈乏来,往往有着更深的痛苦。

【诊断】义混致误。

【辨析】"馈乏"应为"匮乏"。"匮"是个多音字,当它读guì时,指收藏衣物的柜子。此字后加木旁写作"櫃",现简化为"柜"。医书《金匮

石库门

要略》中的"匮"便应读guì。"匮"的另一个读音是kuì，由柜子的中空，引申出缺失义，如"匮乏""匮竭"等等。"馈"是个形声字，从食贵声，读音为kuì，本义为以食品送人。引申泛指以物送人，如常用词"馈赠"。又引申指运送、传送，"反馈"的"馈"即传送义。

篑：功亏一溃/功亏一篑

【病例】眼看就要大功告成，谁知此时骤下大雨，队员不甘功亏一溃，依旧按原定时间出发。

【诊断】音同义混致误。

【辨析】"功亏一溃"应为"功亏一篑"。"篑"和"溃"读音均为kuì。"篑"，从竹贵声，本义为古代盛土用的竹筐，故其字为竹头。"溃"，从水贵声，本义为大水冲破堤防，如"溃决""溃口""溃堤"等，故其字为三点水旁。成语"功亏一篑"，典出《尚书·旅獒》："为山九仞，功亏一篑。"意思是堆积九仞高的土山，只差一筐土而不能完成。后用"功亏一篑"比喻一件大事只差最后一步而前功尽弃，常含有惋惜之意。"功亏一篑"写作"功亏一溃"，在字面上是说不通的。

壸：壶奥/壸奥

【病例】"深得《金瓶梅》壸奥"，这是脂砚斋在

《石头记》第十三回写的一条批语,向为人们论证《红楼梦》与《金瓶梅》之渊源关系时所引用。

【诊断】形似致误。

【辨析】"壶奥"应为"壸奥"。这两个字高度形似,仅一横之差。"壶"是一个常用字,茶壶的"壶",音 hú,下部为"业"。"壸"是一个冷僻字,音 kǔn,下部为"亚"。"壸"的本义为宫中的小路。最初的字形呈现曲曲弯弯的形状。引申可指内宫。"壸闱"即帝王后妃居处,"壸政"指宫中政事。宫中的事外人无法窥视,故"壸奥"可形容难以猜透的奥秘。

蜡:打腊/打蜡

【病例】在街的转角处,有一家刚开张的小店,门口竖着一块牌子,上面写的是:"汽车打腊"。

【诊断】音同形似致误。

【辨析】"打腊"应为"打蜡"。腊、蜡均为简化字,两字的区别在形符。"腊"从月,即"肉",因"腊"本是一种祭祀众神的仪式,"月"便是

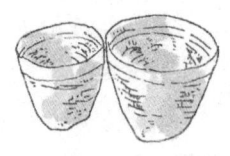

竹筐

供祭祀用的牺牲。举行腊祭的月份称为腊月。现以夏历十二月为腊月,据考是从秦代沿袭下来的。"蜡"指由动物、植物或矿物产生的一种油状物质,因虫蜡是一种常见的蜡质,故其字从"虫"。"打蜡"是指在器物上面涂抹蜡质,以达到美观和保护的作用,和"腊祭"无关。

赖:死皮癞脸/死皮赖脸

【病例】遇到这种死皮癞脸的纠缠,你千万不要心软!古人不是说过,"当断不断,必受其乱"吗?

【诊断】音同致误。

【辨析】"死皮癞脸"应为"死皮赖脸"。"赖"字的右下方是个"贝"字,此为"赖"字的形符。"贝"代表着金钱,是人的安身立命之本,故"赖"有依靠的意思,可构成依赖、仰赖等词。而人一旦失去依靠,则可能铤而走险,胡作非为,故"赖"又有不良的意思,可构成抵赖、诬赖等词。所谓"死皮赖脸",是极言一个人不顾廉耻、纠缠不休。"癞"为病字头,本义指麻风病或癣、疥等皮肤病。癣、疥愈后留有疤痕,这样的形象特征给人印象不佳,故"癞"也可以指品质上的低劣,方言中的"赖子"也可作"癞子"。但从语言规范的角度考虑,不提倡"死皮癞脸"的写法。

蓝:兰天白云/蓝天白云

【病例】羊群在静静地吃草,我躺在草地上,仰望兰天白云,任思絮随着云朵飘向远方。

【辨析】简繁误认致误。

【辨析】"兰天白云"应为"蓝天白云"。"蓝",指蓼蓝,一种植物,可做颜料。"兰"本是"蘭"的简化字,指多年生的草木植物兰花。1977年12月22日,中国文字改革委员会根据国务院的批示,发表了《第二次汉字简化方案(草案)》,"兰"又成了"蓝、篮"的简化字,"蓝天白云"据此可以写成"兰天白云"。然而,这一方案因遭到强烈反对,不到一年便停止使用,1986年6月24日,国务院明令废止"二简字"。今天,再把"蓝天白云"写作"兰天白云","兰"字只能视为别字。

斓:斑烂/斑斓

【病例】动物园新进了一只斑烂猛虎,这几天入园的游客人数直往上蹿。

斑斓猛虎

【诊断】音近义混致误。

【辨析】"斑烂"应为"斑斓"。"斑"和"斓"同义,本义均指颜色驳杂。"斑斓猛虎"即虎纹错杂鲜丽的猛虎。"斓",音lán,从文阑声,从文表示和色彩有关。烂,音làn,从火兰声,本义指食物烹煮后变熟变软,如稀粥烂饭;引申可泛指破烂,如破铜烂铁、焦头烂额。因"烂"和火有关,又引申指明亮、绚丽,如灯火灿烂、山花烂漫。"烂"和"斓"的微妙区别在于:"斓"强调的是多彩,"烂"强调的是明亮。

览:一揽表/一览表

【病例】老李的心随着大屏幕上股票价格一揽表中的数字忽上忽下。

【诊断】音同义混致误。

【辨析】"一揽表"应为"一览表"。"览"和"揽"读音均为lǎn。"览",下面是个"见"字,这是眼的动作,侧重在观看。"揽",提手旁,这是手的动作,即把分散的东西聚在一起,引申为把人或事物吸引到自己这边来,"一揽子"是对各种事物不加区分或不加选择地都包括在内的意思。"一览表"是说明概况的表格,查阅起来很方便。由于"览""揽"同音,又有"一揽子"这样的词,有人把"一览表"误写成了"一揽表"。

滥：陈词烂调/陈词滥调

【病例】诗本身并不能比题目给人以更深的印象，常常是那套毫无节制的陈词烂调。

【诊断】音同义混致误。

【辨析】"陈词烂调"应为"陈词滥调"。"滥"，本义为水漫溢出来，引申为过度、浮泛而不切实际，如泛滥成灾、狂轰滥炸、宁缺毋滥等。"烂"，本义指食物松软，引申为有机物腐烂，副词义为程度深，如烂泥、烂账、烂熟等。"陈词滥调"中的"陈"，指言语过时而没有新意，"滥"指过度使用而流于空泛。无论是"陈"还是"滥"，说的都是内容的不能推陈出新，而不是指具体物质的腐烂，所以不能写成"陈词烂调"。

郎：法朗/法郎

【病例】这幅画还是他在欧洲留学时买来的，当时巴黎有很多街头画摊，他一共花了60法朗。

【诊断】音同形似致误。

法 郎

【辨析】"法朗"应为"法郎"。"法郎"曾是欧洲多国的本位货币,随着欧共体的建立,欧元成了欧共体国家的单一货币。在法国、比利时等国,法郎已逐渐淡出,但在瑞士等国仍然通行。这是一个译音词,因词形早已定型,只能写作"法郎",不能写作"法朗"。

羸: 羸弱/赢弱

【病例】老陈看上去身体赢弱,但在台上发言时,却是声音洪亮,显得精神矍铄。

【诊断】形似误读致误。

【辨析】"赢弱"应为"羸弱"。"羸",音léi,有些人误读成了yíng。"羸"下面中间是个"羊"字,羊善跑而形瘦,故"羸"的本义为瘦弱。"赢",音yíng,和"输"相对,指经营中盈利,或在较量中取胜。"赢"下面中间是个"贝"字,"贝"在古代曾作为钱币使用,所以和输赢有关。

愣: 发楞/发愣

【病例】"车子马上就要开了,你还在那儿发什么楞啊!到底走不走?"张大妈冲着女儿说。

【诊断】音近形似致误。

【辨析】"发楞"应为"发愣"。这一差错从现在情况来看,和两字音近形似有关,但更直接的原因,是不

了解异体字的变化。"愣"曾是"楞"的异体字,"发愣"曾写作"发楞",但1988年通用字表发布时,"愣"字已恢复使用。"愣",音lèng,去声,义为走神、发呆。所谓"发愣",就是精神上处于恍惚状态。引申指鲁莽、冒失,如愣头愣脑。"楞",音léng,以四方木会意,本指木头的边,现多写作"棱"。"楞"还用于佛经翻译,如《楞严经》。

李:行礼箱/行李箱

【病例】在这次工人大罢工中,火车工人不在其列,你可以放心地拎着行礼箱上车,到你想去的地方。

【诊断】音同致误。

【辨析】"行礼箱"应为"行李箱"。此处用"李",有个演变过程。"李",本义为李树,蔷薇科,落叶小乔木,果味甘甜,可生食及制作蜜饯,果仁、根皮可供药用。古有"行理"一词,指负有特殊任务的"使人",即往来于国家之间、以治理为使命的

行李箱

外交官员。由于古汉语中"李"可通"理",所以"行理"也作"行李"。后来,词义引申,由名词变成动词,指"出使"。又由"出使"引申出"出行时所带的东西"。在现代汉语中,"行李"的大部分意思都已消失,只剩下最后一个意思:"出行时所带的东西"。由此可见,"行李"如果写成"行理",虽然不符合现代汉语的书写习惯,但也算其源有自;写成"行礼"则成了施行礼节,完全不通。

里:鞭辟入理/鞭辟入里

【病例】虽说只是一篇小评论,但作者立足点高,而又能鞭辟入理,写得酣畅淋漓,值得一读。

【诊断】音同义混致误。

【辨析】"鞭辟入理"应为"鞭辟入里"。最初写作"鞭辟近里",后来有多种写法,如"鞭辟向里""鞭辟着里",现代多写作"鞭辟入里"。本是古代的洛阳方言,"鞭辟"是一种十分形象而又很有力度的说法,义为深入剖析,一直到最里层,形容分析透彻,切中要害。"入里"的"里"是里层,不是道理。

里:故裏/故里

【病例】一眼看到的,是"李白故裏"的石碑,不少游客在排队,等候着在碑前拍照。

【诊断】简繁不对应致误。

【辨析】"故裹"应为"故里"。有人误以为"里"是"裹"的简化字,凡是需要用繁体字的场合,"里"都应该繁化为"裹"。其实这是一种误解。在传承字中,"里"本有其字,"里"和"裹"是有明确分工的:"里"是一个会意字,从田从土,用有田有土表示聚居之地,所以"乡里"用"里";"裹"是一个形声字,从衣里声,本义指内衣,引申指内层、内部、里面。"故里"是指原居地,和乡里有关,当然不能用"裹"。

力:鼎立相助/鼎力相助

【病例】去年八月,承兄鼎立相助,让我渡过了人生中的一大难关。此恩此德,没齿难忘。

【诊断】音同致误。

【辨析】"鼎立相助"应为"鼎力相助"。"力"和"立"读音均为lì。鼎为古代的一种烹饪器。相传夏禹曾收九州之金,铸成九鼎,作为传国的

古代食器——鼎

重器，鼎于是成了王位、帝业的象征，"定鼎"便是定都，"问鼎"便是觊觎王位。因鼎常见的形制为三足，故三方并峙可称鼎立，《三国演义》便是说的"三国鼎立"的故事。鼎可供"煮牲"，容积巨大，是日用器具中的"庞然大物"，故大力可称"鼎力"，大姓可称"鼎姓"。"鼎力"是对人表示感谢的敬词，误为"鼎立"便无从索解。

厉：再接再励/再接再厉

【病例】中国排球协会的领导人亲临观战，希望女排姑娘乘胜追击，再接再励，拿下最后一仗。

【诊断】词义误解致误。

【辨析】"再接再励"应为"再接再厉"。"再接再厉"虽然常用于鼓励的场合，但"厉"并不是鼓励的意思。此语出自韩愈、孟郊的《斗鸡联句》。全诗长达五十句，斗鸡的壮烈场面被描绘得有声有色。其中孟郊有两句是："一喷一醒然，再接再砺乃。"接，交战；砺，磨砺。意即公鸡每次相斗前，都要把嘴磨锋利。后用"再接再砺"比喻一次又一次不懈努力。因"厉"可通"砺"，通常写作"再接再厉"。

连：黄莲/黄连

【病例】小严拿起桌上新泡的铁观音，一口灌进嘴

里,不想一口酽茶咂在嘴里,比黄莲汁还苦,她硬是攒着眉咽了下去。

【诊断】音同义混致误。

【辨析】"黄莲"应为"黄连"。黄连是一种多年生草本植物,根可入药,有清热解毒的功效。它的得名和其根部特征有关,其形如串连在一起的珠子,横断面上呈黄色或红黄色,故称黄连。李时珍的《本草纲目》上正是这样记载的:"其根连珠而色黄,故名。"因为是植物而加上草字头,显然是一种想当然。

联:连席会议/联席会议

【病例】他们起草了一个私人办学的条例,但在教育局有关部门连席会议讨论时,此条例未获通过。

【诊断】音同义混致误。

【辨析】"连席会议"应为"联席会议"。连、联二字在汉字历史上,长期纠缠不清,形成了一批异形词。比如,"连贯"也可写成"联贯","连接"也可写成"联接"。但在现代汉语

黄 连

中，分工逐渐明确："联"是横的结合，"连"是纵的承续。凡属于"联"的，没有高低上下之分，如联盟、联军、联队、联名、联合国……各方是并列的。"联席会议"也是一例。凡属于"连"的，则有一个接着一个的意思，如连任、连夜、连载、连环、连轴转、连台好戏……在时间上有个先后。正因为这个道理，同样是电视广播节目，"新闻联播"必须用"联"，"长篇连播"只能用"连"。

炼：锻练/锻炼

【病例】减负的方案付诸实施以后，学生们的体育锻练时间明显增加。

【诊断】音同义混致误。

【辨析】"锻练"应为"锻炼"。"练"是丝织品的名称。刚织成的丝织品，古人称之为"素"。"素"经过在水中多次烧煮、漂洗，变得柔软而洁白，这时便称之为"练"。因此用"练"构成的动词，都是以熟练为目的，如排练、演练、练习。而"炼"的对象是"金"，指熔冶金属，提高纯度，因此用"炼"构成的动词，都和去粗存精有关，如锻炼、锤炼、冶炼。"锻"和"炼"一样，同样是一种金属加工的工序，可以构成"锻炼"一词。

梁：黄梁美梦/黄粱美梦

【病例】毛泽东同志英明决策，"百万雄师过大江"，粉碎了国民党企图以长江为界的黄梁美梦。

【诊断】音同形似致误。

【辨析】"黄梁美梦"应为"黄粱美梦"。"粱"和"梁"读音均为liáng，而且都是形声字。"梁"从木，指桥梁或屋梁；"粱"从米，指谷类中的小米。"黄粱美梦"出自唐人小说《枕中记》。有个读书人卢生，在邯郸的一家旅店里遇到道士吕翁。卢生感叹家世贫穷，道士就借给他一个枕头，说是枕上就会称心如意。此时店家正在煮小米饭。卢生枕着道士的青瓷枕睡觉，在梦中享尽荣华富贵，待他一觉醒来时，店家的小米饭还没煮熟呢。后世便用"黄粱美梦"比喻不可实现的空想。"梁"可是不能用来做饭的。

俩：老俩口/老两口

【病例】在万般无奈之下，老俩口于上月下旬，将一纸诉状递到了杨浦区

谁持彩练当空舞

法院。

【诊断】误读致误。

【辨析】"老俩口"应为"老两口"。"俩"是个多音字,通常读作liǎng,义为"巧也",如伎俩;在表示数字时读liǎ,指两个或不多的几个,如姊妹俩、仨瓜俩枣。作为数字用字,"俩"已包含着量词,故后面不能再接"个"字或其他量词。对此,《现代汉语词典》等工具书都有专门提示。或许因为这种用法流行于北方地区,南方人不太熟悉,往往该读liǎ时仍读liǎng,并按习惯加上量词,从而导致俩、两不分。

寥:廖廖无几/寥寥无几

【病例】在世界其他地方分布广泛的动物,在拉美却很稀有,如兔科、松鼠科动物在拉美廖廖无几。

【诊断】音近形似致误。

【辨析】"廖廖无几"应为"寥寥无几"。在汉字历史上,"寥"是"廖"的分化字。"廖",音liào,形声字,从广膠声。"广"义为敞开的屋,故"廖"的本义为:"空虚也。"后"廖"用作了姓,表示空虚义的"廖"另写作了"寥",音liáo。这两个字现已明确分工,"廖"专用于姓;"寥"则用作形容词,表示空虚、深远、稀少的意思,如寥远、寥廓、寥若晨星。

瞭：了望/瞭望

【病例】村前有一棵大树，大树前是一条望不到头的路，每天都有人爬到树上向远方了望。

【诊断】简繁误认致误。

【辨析】"了望"应为"瞭望"。"了"原是"瞭"的简化字，1986年国家语委重新公布《简化字总表》时作了调整："'瞭'字读'liǎo'（了解）时，仍简作'了'，读'liào'（瞭望）时作'瞭'，不简作'了'。"这两个字调整后的分工是："了"为明白、知道，如"了如指掌""一目了然"；"瞭"为从高处看，重新公布《简化字总表》的"说明"里，特地举了"瞭望"的例子。"瞭望"写作"了望"，是不符合现行文件规定的。

麟：凤毛鳞角/凤毛麟角

【病例】据统计，1992年国内744名学科带头人中56岁以上的占61.5%，50岁以下的只占10%，35岁以下的年轻人如凤毛鳞角。

瞭望塔

【诊断】音同形似致误。

【辨析】"凤毛鳞角"应为"凤毛麟角"。"麟",从鹿粦声,本义是指"大雌鹿"。也指我国古代神话传说中的神兽麒麟。麒麟形体似鹿,头上有角,身披鳞甲,其性情温和,不伤害人畜,不践踏花草,古称"仁兽"。相传只在太平盛世或有圣人出现时才出现。传说麒麟能让人生儿子,民间有麒麟送子之说。凤,即凤凰,是我国古代传说中的百鸟之王,在中国文化传统中的地位仅次于龙。凤凰也常用来象征祥瑞。凤毛麟角,即凤凰的毛,麒麟的角,比喻稀少而珍贵的人才或事物。"鳞'的本义是指鱼类、爬行类和少数哺乳类动物密排于身体表层的衍生物,具有保护身体之用。

泠:西冷印社/西泠印社

【病例】西冷印社的金石篆刻技艺,已经列为国家级非物质文化遗产。

【诊断】形似致误。

【辨析】"西冷印社"应为"西泠印社"。"泠",音líng。三点水旁,与水有关,本义是古代江水的名称。也指水清澈明净,引申指清凉的样子。组词有泠风、清泠、泠泠、泠然等。"泠泠"又作拟声词,形容声音的清越,如吴均《与朱元思书》:"泉水激石,泠泠作响。"相对来说,"泠"字比较陌生,而"冷"字

比较常见,误"泠"为"冷"是常有的事。但"西泠印社"成了"西冷印社",原有名称给人的诗意感觉顿时不复存在。

凌:零晨/凌晨

【病例】当我写完这篇短文的时候,已是零晨四点钟了。

【诊断】音同义混致误。

【辨析】"零晨"应为"凌晨"。"凌"和"零"读音均为líng。"凌"是一个动词,有逼近的意思。"凌晨"本指天快亮的时候,相当于"拂晓"这段时间;现在词义有变化,从零点开始即进入凌晨时间。"零"用于"零点",即上一天结束、新一天开始的那个时点。对上一天来说,是深夜十二点;对于新一天来说,则是凌晨零点。零点是时点,凌晨是时段,两者不能混淆。

零:另售/零售

【病例】沃尔玛主要涉足另售业,

神兽麒麟

是世界上雇员最多的企业，员工超过两百万。

【诊断】简繁误认致误。

【辨析】"另售"应为"零售"。"另"，音lìng，另外、此外的意思。"零"，音líng，主要意义是零碎、小的数目，跟"整"相对，如零敲碎打、零存整取等。"零售"义为不成批地、小数目地出售，有些商店"批零兼营"，就是既做批发，又做零售。有人贪图简便，喜欢以"另"代替"零"，导致有人误以为"另"是"零"的简化字。殊不知两字非但发音不同，意思也相差很远。

龄：年令/年龄

【病例】张大爷已经六十开外，但你看他那股劲头，根本想不到他的实际年令。

【诊断】简繁误认致误。

【辨析】"年令"应为"年龄"。这一差错和不了解简化字的历史有关。令、龄二字音近："令"，音lìng；"龄"，音líng。1977年12月，当时的文改会曾公布第二批简化字表，其中便以近音替代的方式，把"龄"简化为"令"。但这份字表一年后便停止试用，1986年国家语委根据国务院意见，明令废止"二简"字。在此之后，以"年令"代替"年龄"，便成了一个差错。

龙：水笼头/水龙头

【病例】水笼头的哗哗声，砧板的咚咚声，砂锅的呼呼声……在小厨房里谱成了一支欢快的乐曲。

【诊断】音同致误。

【辨析】"水笼头"应为"水龙头"。龙为中国传说中的神异动物，它身为水族之长，有行云布雨的本事，故古人常把液体的出口处喻称为"龙头"。宋范成大"但促小槽添压石，龙头珠滴夜珊珊"，诗中的"龙头"便指酒液流淌口。"水龙头"则是现代人对装有阀门的自来水管出水口的俗称。"笼头"通常指套在骡马等头上用来系缰绳挂嚼子的用具。"水"是既不能做笼头也不必上笼头的。

垆：当炉卖酒/当垆卖酒

【病例】谈起那段上山下乡的经历，表姐眉飞色舞，她说她还在乡村小酒店里干活，做过当炉卖酒的卓文君呢。

【诊断】音同形近致误。

水龙头

【辨析】"当炉卖酒"应为"当垆卖酒"。"垆",音lú,土垒的台子,故其字从"土"。酒家可在上面放置酒瓮等器物。据《史记·司马相如传》等古籍记载,才女卓文君在落难之时,便曾当垆卖酒。古籍中因"炉""卢"可通"垆",故也有"当炉"或"当卢"的记载,但训诂学家如王先谦早已指出:"字当作垆,通作炉、卢,则文省也。"现代汉语中这些字已不再相通,义为土墩的"垆"自不应写成火炉的"炉"。

戮:杀戮/杀戳

【病例】展览会上,一张张中国民众惨遭杀戳的照片,揭示了日本侵略者犯下的滔天罪行。

【诊断】形似致误。

【辨析】"杀戳"应为"杀戮"。"戮",《说文》的解释是"杀也",故从戈;"戳",本义为以枪刺物,故亦从戈。两字的形符相同。同为致人于死,"弑"多用于下杀上,"戮"则多用于上杀下。"戮"声符为"翏",义为奋力高飞,可看出一种不可阻挡的气势;"戳"的声符为"翟",其义为雄雉,以尾部长而挺为特征,正和以枪刺物、枪杆大部留在体外的特点相合。"杀戮"为同义语素联合成词,"杀戳"没有这种说法。

挛：痉孪／痉挛

【病例】没等来人把话说完，陈强一阵痉孪，不由自主地瘫坐到了地上。

【诊断】音近形似致误。

【辨析】"痉孪"应为"痉挛"。痉挛，多为中枢神经系统受到刺激而引起的一种反应，其特征是肌肉紧张，并不自然地收缩。"痉"，《说文》的解释是："强急也。"身体突然收缩以致强直难伸。"挛"，《集韵》的解释是："手足曲病。"义为手足蜷曲，故其字从手。痉、挛这两个语素分别对"痉挛"作出了形象的描绘。"孪"义为双生，即一胎生两个，故以"子"为形符。它和"挛"完全是两码事。

轮：美仑美奂／美轮美奂

【病例】眼前是一座美仑美奂的歌舞厅。每到周末，这里都会有精彩的文艺演出。

【诊断】音同致误。

【辨析】"美仑美奂"应为"美轮美奂"。"美轮美奂"语出《礼记·檀弓

卓文君当垆卖酒图

下》。晋献文子新屋落成,一批人前往祝贺,其中有位张老说:"美哉轮焉,美哉奂焉。"郑玄作注时认为是"心讥其奢也"。"轮",指轮囷(qūn),一种圆形的仓库建筑,其特点是高;"奂",本义为色彩鲜明。"美轮美奂"的意思便是:"美哉,高大啊!美哉,漂亮啊!"后多用来形容建筑物的壮观和美丽。误"轮"为"仑",在字面上无法和建筑物联系起来。

啰:罗唆/啰唆

【病例】从抽查的情况来看,多数是文字干巴、缺乏文采,也有行文罗唆、不知节制的例子。

【诊断】简繁误认致误。

【辨析】"罗唆"应为"啰唆"。"罗"原是"囉"的简化字,1986年国家语委重新公布《简化字总表》时作了调整,"囉"字恢复使用,并依据类推简化规则简化为"啰"。"啰",从口罗声,本义指小儿语。小儿多无意识,说话重复交错,故"啰"有喋喋不休的意思。"啰唆"写作"罗唆",这是不符合现行文件规定的。

萝:罗卜干/萝卜干

【病例】罗卜干不登大雅之堂,但这一家的罗卜干却成了特色,几乎每一桌客人都会点上一客罗卜干炒毛豆。

【诊断】音同致误。

【辨析】"罗卜干"应为"萝卜干"。"罗"繁体字写作"羅",这是一个会意字,上面是网,下面是维,意思是以网捕鸟。《说文》的解释便是:"以丝罟鸟也。"而"萝"是一个形声字,从草罗声,声符兼有表义作用。"萝"的本义指女萝,后泛指蔓生植物。萝卜由芦萉、莱菔演变而来,同为植物,用的是草头的萝字,不能擅改为"罗"。

络:脉胳/脉络

【病例】院子里的牡丹花开了,葳蕤的花叶衬托着紫红色的花朵,花瓣中的脉胳如金丝。

【诊断】形似致误。

【辨析】"脉胳"应为"脉络"。绞丝旁的"络"读luò,本义为粗丝绵,引申指缠绕,可泛指网状物。"脉络"本是中医的说法,指气血运行的通路。月字旁的"胳"是一个多音字,读gā,用于胳肢窝;读gē,用于胳膊;读gé则

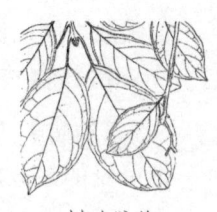

树叶脉络

是动词,指在别人身上抓挠,如胳肢。"胳"没有luò的读音,也没有网状的字义,脉络不能写成"脉胳"。

马:蛛丝蚂迹/蛛丝马迹

【病例】刑侦组在第一时间赶到现场,一小时后,他们在一片狼藉之中,发现了犯罪分子留下的蛛丝蚂迹。

【诊断】音同义混致误。

【辨析】"蛛丝蚂迹"应为"蛛丝马迹"。"马"和"蚂"读音均为mǎ。蛛丝,蜘蛛结网的细丝;马迹,马蹄踩过留下的蹄痕。比喻隐约可寻的线索和依稀可辨的痕迹。"马迹"另有一说,指灶马爬过的印迹。"灶马"是一种在厨房中活动、体形较蟋蟀为大的昆虫。但无论是指马还是灶马,"马迹"均不能写作"蚂迹"。有人误以为"蚂"指蚂蚁,其实"蚂蚁"一般简称为"蚁",而未见有称之为"蚂"的。

昴:昂星/昴星

【病例】昂星团,又称七姊妹星团,是一个大而明亮的疏散星团,位于金牛座,裸眼就可以看见。

【诊断】形似致误。

【辨析】"昂星"应为"昴星"。我国古代天文学家把可见的星分成二十八组,称二十八宿。"昴星"是其中之一。"昴",音mǎo,形声字,从日卯声。"昂"也

是形声字，从日印声。"印"在古文字形里，左右各是一人，左边的人立着，右边的人跪着，以示仰望，或信赖，或敬慕，或期待，这时读yǎng。这是仰的本字，义为信仰、仰慕、仰仗等等。由仰望，又引申指抬起、扬起、高涨等义，这时读áng。后加上义符"日"作"昂"来表示，用"抬头望日"进一步强调以上意义，如昂首挺胸、斗志昂扬、价格昂贵等等。"昂"比"昴"多一撇。

昧：素昧平生/素昧平生

【病例】老李和我素昧平生，近日无冤，远日无仇，想来不至于诬陷我吧。

【诊断】形似误读致误。

【辨析】"素昧平生"应为"素昧平生"。昧，音mèi，形声兼会意字，从日未声。常见的古文字形是："未"这棵茂密的树遮盖着一个"日"，以此表示昏暗，其本义是天将亮而未亮。所谓"素昧平生"，就是相互之间一向不交

蜘 蛛

往,不了解。由于"昧"和常用字"味"形似,有人把"昧"读成了"wèi",结果也写成了"味"。但"素味平生"是说不通的。

袂:联抉/联袂

【病例】回归京味的冯式喜剧《非诚勿扰》,是由葛优、舒淇联抉主演的。

【诊断】形似致误。

【辨析】"联抉"应为"联袂"。"袂",音mèi。本义指袖子,故其字为衣字旁。古人多为长袖,袖子和袖子联在一起,义为携手偕行,比喻合作做某一件事。如"联袂南下"。"联袂主演",就是在同一出戏中演主角,合作演对手戏。"抉",音jué,义为挖出、挑出,如常用词"抉择",故其字为提手旁。由此可见,"袂"为名词,"抉"为动词。"联袂"误为"联抉",成了联手挑选。

迷:谜宫/迷宫

【病例】公园里有一座谜宫,这是小刘女儿最喜欢玩的地方,每次都要钻到里面转上半天。

【诊断】音同义混致误。

【辨析】"谜宫"应为"迷宫"。"迷"是一个形声字,走之旁,米声,表示走路迷失了方向,失去了判

断能力。由"迷"构成的词如迷茫、迷惑、迷惘、迷蒙,都和其本义有关。"迷宫"本是一种游戏性的建筑,结构复杂,出口难寻,进去后往往走不出来,引申可比喻充满奥秘的神奇领域,如数字迷宫。而"谜"是一种文字游戏的样式,即暗射事物或文字等供人猜测的隐语。由谜面、谜目、谜底三部分组成,谜面是指说出来或写出来供人作猜测线索的话,谜目规定猜测的范围,谜底即谜语的答案。谜语,古称"廋(读sōu,隐藏)辞"或"隐语"。因是一种语言或言辞游戏,所以"谜"以"言"作义符。"迷宫"写作"谜宫",则成了专门供人猜谜的场所。

靡:萎糜不振/萎靡不振

【病例】自从王书记来后,公司里重新建章立制,订出三年发展计划,萎糜不振的空气为之一扫。

【诊断】形似致误。

【辨析】"萎糜不振"应为"萎靡不振"。"靡"和"糜"声符均为

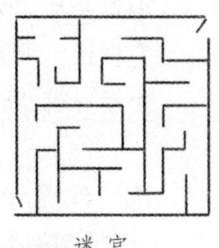

迷宫

"麻"。"靡",义为"分散下垂之貌"。分散下垂有相违意,故其字从非。《曹刿论战》:"吾视其辙乱,望其旗靡,故逐之。""靡"即指下垂。"风靡一时""所向披靡","靡"皆有倒伏义。"糜",《尔雅·释言》郭注:"粥之稀者曰糜。"这是煮米至烂的产物,故其字从米。由此引申出糜烂义。"萎靡不振"即精神状态下垂,这和稀饭是不相干的。

蜜:密月/蜜月

【病例】小王下个月结婚,他早已定好了到马尔代夫去度密月的计划。

【诊断】音同形似致误。

【辨析】"密月"应为"蜜月"。"蜜"和"密"读音均为mì。"蜜",本义为蜂蜜,故其字以"虫"为形符。引申为甜美。"蜜月"是一种形象的说法,指新婚后第一个月,新婚夫妇的生活甜美如蜜。"密"本义和山有关,指山的一种形状,但此义已不用。假借为紧密的密,和"疏"相对。由此又引申出隐秘的意思,所以有保密、泄密之说。"蜜月"没有不可告人之处,当然不能写成"密月"。

绵:丝棉/丝绵

【病例】地摊上出售的被子,吹嘘说是充填了上等丝棉,谁知拆开一看,竟是发黑的烂絮。

【诊断】音同义混致误。

【辨析】"丝棉"应为"丝绵"。"绵"和"棉"读音均为mián。我国养蚕源远流长。"绵"是用蚕丝加工成的絮状物,精曰绵,粗曰絮。"绵"从丝,表示絮状物的缠连之意。"绵"是一个构词能力很强的语素,如"绵延"指像绵一样连续不断,"绵薄"指像绵一样单薄。从木的"棉",指的是木棉、草棉,这是中古时期从海外引进的。开始也写作"绵",后来才改为木旁。这是一个分化字。"丝绵"的"绵"原料是蚕丝,不同于"木棉""草棉"的"棉"。

丏:夏丐尊/夏丏尊

【病例】在现代文化人中,还应该提及夏丐尊。这是一位著名的教育家,为人正直,学识渊博。

【诊断】形似致误。

【辨析】"夏丐尊"应为"夏丏尊"。"丏",音miǎn,这是一个象形

夏丏尊

字。《说文》的解释是"不见也"。《文源》中的解释为:"象人头上有物蔽之之形。"上面的一横是额头,中间的一竖是鼻梁,然后左面一条手巾蒙过来,右面一条手巾再蒙过去,所以该字的本义是看不见。有人说它表现的是捉迷藏的情景。夏丏尊的这个名字,是根据他的字夏勉旃谐音而来,据说是为了不想在选举中当选而故意选了这个冷僻的字。但没有料到的是,至今仍有人把它当成了乞丐的"丐"。

湎:沉缅/沉湎

【病例】游手好闲,不思进取,后来又沉缅于赌博而不能自拔,终于走上了一条不归路。

【诊断】音同形似致误。

【辨析】"沉缅"应为"沉湎"。"湎"和"缅"读音均为miǎn。"湎"从水,《说文》的解释是:"沉于酒也。"即通常说的贪杯。由酒引申开去,可泛指一切失去理智的迷恋。"缅",《说文》的解释是:"微丝也。"即最细的丝。由丝的细长引申出邈远义,"缅怀"的意思便是"遥远地思念"。"缅"隐约有褒义,"湎"则明显有贬义。沉、湎为同义语素,皆含溺于其中的意思。

瞄:扫瞄/扫描

【病例】随着任务的增加,设计室又购进了两台扫瞄

仪,但还是疲于应付。

【诊断】音同形似致误。

【辨析】"扫瞄"应为"扫描"。"描"和"瞄"读音均为miáo。"描"指照着原样画或写,或是重复涂抹使颜色加重或改变形状,如小学生学习写字用的描红簿。"瞄"目光集中在某一个目标上,如射击时的"瞄准"。"扫描"义为用电波或电子束来回移动而描绘出图像,"扫描仪"便是具有这种扫描功能的仪器。"扫描"并不是专门注视某一目标,所以不能用"瞄"。

蔑:篾视/蔑视

【病例】只见她耸动着眉毛,脸上带着一股冷冷的、篾视一切的笑容。

【诊断】音同形似致误。

【辨析】"篾视"应为"蔑视"。"蔑"和"篾"读音均为miè。"蔑"是个会意字,从甲骨文看,字的结构犹如一幅生动的简笔画。下面的"戍",是把敌人的武器"戈"踩在脚下。"草字头"是人物的立眉,眉下横着的是他的

甲骨文"蔑"

眼睛。有人解读这是一个勇武的战士在表达他的轻蔑。蔑视，就是目中无人。"篾"是个形声字，是以"蔑"为声符，把"蔑"上面草字头省略掉而已。篾的形符是"竹字头"，本义是竹子劈成的长条薄片，可用来编织席子、篮子等。后苇子秆或高粱秆上析出的用来编织的外皮也叫"篾"。但草字头的"蔑"是形容词，竹字头的"篾"是名词，不能混为一谈。

明：名信片/明信片

【病例】事先买好一打名信片，全部贴上邮票，填好地址、姓名，过一段时间往信筒里丢一张。

【诊断】音同致误。

【辨析】"名信片"应为"明信片"。明信片是一种专供写信用的硬纸片，因为在付邮时不用另加信封，故称"明"信片。"明"是公开的意思。也指用这种硬纸片写成的信，如鲁迅在致日本友人增田涉的信中说："明信片早已收到。""名"的本义是名字，引申指名声、名誉，如"名闻遐迩""名不虚传"；又可指有名的、出名的，如"名师出高徒""名山大川"；还可用作动词、量词，但都不能和"信"组合。

瞑：瞑目/暝目

【病例】小薇性格温柔，自始嫁至瞑目，从未见她发

过火,也没大声说过话。

【诊断】音同形似致误。

【辨析】"瞑目"应为"暝目"。"瞑"和"暝"读音均为míng。这是两个会意兼形声字,声符均为"冥"字。"冥"上面的秃宝盖象征幕布,下面的"六"是一双手,中间是"日",用幕布遮盖太阳,表示夜晚的意思,引申指昏暗、深奥、幽深等义。后由于"冥"多用于引申义,表示夜晚的"冥"又加了日字旁,写成了"暝",从日从冥会意。"瞑"则是从目从冥会意,提示和眼睛有关。瞑目,就是合上眼睛。

摩:观摹/观摩

【病例】我有两张话剧演出的观摹票,今天晚上我们一起去看好吗?

【诊断】音同义混致误。

【辨析】"观摹"应为"观摩"。"摩"和"摹"读音均为mó。"摩"的本义为摩擦,即物体与物体之间相互接触并来回移动。据说诗人徐志摩的得名,就和一个名叫志恢的和尚在他的头

明信片

顶上抚摩过有关。由此引申出切磋、琢磨的意思。所谓"观摩",就是一边观看,一边思考,以求从中得到启迪。"摹"是照着样子写或画,常用词有"描摹""摹仿"之类。

墨:默守成规/墨守成规

【病例】只作一些小修小补,甚至默守成规,一成不变,那是很难改变这种不正常的市场关系的。

【诊断】词义误解致误。

【辨析】"默守成规"应为"墨守成规"。"墨"指墨翟,战国时墨家的创始人。《墨子·公输》:"子墨子解带为城,以牒为械;公输盘九设攻城之机变,子墨子九距之。公输盘之攻械尽,子墨子之守圉有余。"后因以牢固的防守为"墨翟之守"。在实际语言运用中,"墨守"逐渐演化为固守成见,不知变通,词的感情色彩由褒转贬。不论褒义还是贬义,"墨守"均不能写作"默守",因为它不是默默遵守的意思。

拇:大姆指/大拇指

【病例】日前逛书店,帮儿子买了一套"大姆指"丛书,他乐得直冲我竖大姆指。

【诊断】音同形似致误。

【辨析】"大姆指"应为"大拇指"。"拇"和

"姆"读音均为mǔ。"拇",《说文》的解释是:"将指也。"即手、脚的大拇指。大拇指在手、脚中的地位,犹如母亲在家庭中的"一家之主"的地位,故其字从手母声,"母"兼表义。"姆",《说文》的解释是:"女师也。"本义指对未出嫁的女子负有教导责任的女教师,故从女母声,母同样兼表义。现泛指照管儿童料理家务的女子。大拇指专指第一个指头,写作大姆指只能让人联想到保姆。

募:招幕/招募

【病例】每年的校园招聘季中,一些大型企业都会在校园里开办招聘会,想尽办法招幕优秀毕业生。

【诊断】音同形似致误。

【辨析】"招幕"应为"招募"。"募"和"幕"读音均为mù。"募"是一个形声字,从力莫声。从力,说明这是一件要花大力气做的事情。"募"的本义为广泛征集。"招募"一词为两个同义语素的并列,义为招收募集。

墨子

"幕"也是一个形声字,从巾莫声。从巾,表示和纺织品有关。"幕"即起遮阳、覆盖作用的物品,如帷幕、帐幕。由此可见,"募"是动词,"幕"为名词。

衲:老纳/老衲

【病例】出家人双手合十,说道:"老纳不知施主远来,有失迎迓,恕罪恕罪。"

【诊断】音同形似致误。

【辨析】"老纳"应为"老衲"。"衲"和"纳"读音均为nà。"衲"是个形声字,其形旁"衣"和僧人穿的百衲衣有关,本义指补缀。因旧时僧人以善主施舍为生,身上穿的衣服同样是由多家施舍的布块缝制而成的,象征广结善缘、普度众生。"老衲"这个称谓属于谦词,为老年僧人的自称。"纳"的本义指丝被水浸湿的样子。后借用指收藏、缴纳等。

黏:粘度/黏度

【病例】农贸市场上新到的一种大米,不仅颗粒饱满,而且粘度很高,一上市就受到热捧。

【诊断】正异误认致误。

【辨析】"粘度"应为"黏度"。"粘"和"黏"两字长期纠缠不清,和不了解异体字的变化有关。早在1955年12月公布的《第一批异体字整理表》中,"黏"曾作为异体字淘汰;凡是原来用"黏"的地方,一律改

用"粘"。但在1988年公布的《现代汉语通用字表》中,"黏"字已恢复使用。"粘"和"黏"的分工是:"黏"的读音为nián,形容词,形容能把一种东西附着到另一种东西上去的性质,比如胶水就具有这种特性。"粘",除用作姓氏时读Nián外,其他地方一律读zhān,动词,指通过黏性物把两种物体结合到一起的行为,如"把邮票粘到信封上"。"黏"和"粘"读音不同,词性不同,词义不同,在两者明确分工以后,继续以"粘"代"黏",是不符合用字规范的。

讴:呕歌/讴歌

【病例】我们应该用不朽的诗篇来呕歌那些英雄,使他们的名字千古流传。

【诊断】音近形似致误。

【辨析】"呕歌"应为"讴歌"。"讴"的读音为ōu,本义指无伴奏的齐声歌唱。《说文》中对"讴"的解释是"齐歌也"。引申指歌曲,"吴讴""越讴"就是吴地的民歌、越地的民歌。"呕"的读音为ǒu,本义为吐的

僧人的百衲衣

意思。"讴歌"义为用歌唱、言辞等赞美，和"呕吐"是没有关系的。

呕：沤心沥血/呕心沥血

【病例】在演出市场低迷的情况下，她知难而上，沤心沥血，一心扑在舞台上。

【诊断】音近形似致误。

【辨析】"沤心沥血"应为"呕心沥血"。呕，音ǒu。呕者，吐也；沥者，滴也。所谓"呕心沥血"，意思是差点呕出心来，滴下血来，以此形容苦思冥索，费尽心血。《新唐书·李贺传》："是儿要呕出心乃已耳！"即以"呕心"极言李贺在创作上的投入。"沤"，音òu，从水，《说文》的解释是："久渍也。"即物体在水中长时间地浸泡。"沤心"，把心泡在水中，让人有点莫名其妙。

耦：藕合／耦合

【病例】修理师傅很耐心，告诉我们这是并联型变压器藕合稳压式开关电源，并讲解了它的工作原理。

【诊断】音同形似致误。

【辨析】"藕合"应为"耦合"。"耦"，音ǒu，从耒，禺声。"耒"为农具，"耦"的本义是两人各持一耒并肩而耕，由此引申出成双成对义。"耦合"为科技用语，通俗的解释是：物理学上指两个或两个以上的体

系或运动形式之间,通过各种相互作用而彼此影响。电路之间的耦合,有电阻耦合、电容耦合等等。"藕"是一个常用字,"牵动荷花带动藕",藕便是荷的地下茎,可供食用。"耦合"显然和莲藕无关。

槃:涅磐/涅槃

【病例】郭沫若的长诗《凤凰涅磐》,借用一个神话故事,歌咏凤凰经过烈火的炼造而获得新生。

【诊断】音同形似致误。

【辨析】"涅磐"应为"涅槃"。"槃"和"磐"读音均为pán。"涅槃",为梵语Nirvāna的音译,过去译作"泥洹",义为"灭度""寂灭"。或者译自Parinirvāna,义为"圆寂""入灭"。"涅槃"是佛教修炼所要达到的最高境界。简单地说,是经过修炼,能够彻底地断除烦恼,断灭"生死",入于"不生不灭"而获得的一种精神境界。《涅槃经》卷四:"灭诸烦恼,名为涅槃;离诸有(指生死)者,乃为

凤凰涅槃

涅槃。"僧人逝世称"入灭"或"圆寂",也称为"涅槃"。"涅槃"是一个音译词,当初译如此,后世写如此,其"槃"从未有写作"磐"的。定型词不宜随便改动。

庖: 越俎代疱/越俎代庖

【病例】在一个现代化管理的公司里,一定要做到人人有事做,事事有人管。越俎代疱的现象是不允许的。

【诊断】音近形似致误。

【辨析】"越俎代疱"应为"越俎代庖"。语出《庄子·逍遥游》:"庖人虽不治庖,尸祝不越樽俎而代之矣。"庖人即厨师,尸祝即掌管祭祀的人。意思是厨师不负责任,不在厨房里做饭,掌管祭祀的人也不能去代替他。后来多用这句话比喻超越职权范围,去管不该管的事情。"庖",音páo,从广包声,义为做饭的厨房,引申指厨师。和它形近的"疱",是皮肤上长出的像水泡一样的小疙瘩。这和厨房无关。

炮: 如法泡制/如法炮制

【病例】既然古文能达到这样的境界,那我们不妨如法泡制,用白话来尝试一下。

【诊断】音近形似致误。

【辨析】"如法泡制"应为"如法炮制"。这里的

"炮"读páo，指中药材的制作方法，即把生药材放在热铁锅里炒，以达到药用的要求。所谓"如法炮制"，即按照成法炮制药剂，比喻照老规矩办事。三点水的"泡"也可用作动词，指长时间地浸放在水中，但这和炮制中药材不是一回事。

佩：配戴/佩戴

【病例】小姑娘指着胸前配戴的徽章说："这是我们单位的标志。"

【诊断】音同义混致误。

【辨析】"配戴"应为"佩戴"。"配"的甲骨文字形，左面是个酒坛子，右面是跪坐的女子，表现的是男女结婚时的情景。所以"配偶"的"配"用"配"。"配"在用作动词时，有两个常见的义项：一是按适当比例或标准加以调和或拼凑，如配药、配色；一是有计划地分派，如分配、调配。如果"配戴"可用的话，那不是一个词，而是一个词组，说的是先配后戴。而"佩戴"是由两个同义语素构成的词。

炮制中药材的器具

"佩"本是名词,指古代挂在腰带上的玉饰。后引申为动词,指把东西固定在胸前、臂上、肩上等部位。这里的"佩"就是"戴",没有"配"的意思。

怦:砰然心动/怦然心动

【病例】参加这档相亲节目,已经连续做了靠十期的嘉宾,她还是第一次有了砰然心动的感觉。

【诊断】音同形似致误。

【辨析】"砰然心动"应为"怦然心动"。"怦"和"砰"读音均为pēng。"怦"是竖心旁,和心理活动有关。本义指心急,引申指忠谨,但在现代语言运用中,多用作拟声词,专用于形容心跳;而"砰"字也是拟声词,用于除心跳外的其他声音。如"两车'砰'的撞在一起","'砰'的一声,门被风关上了","砰!一块巨石落了下来"。凡是比较大的声音,都可用"砰"。而心跳的声音必须侧耳倾听,不能用"砰"。

篷:帐蓬/帐篷

【病例】吃完晚饭以后,大家围坐在帐蓬里,听老张讲当年会战的故事。

【诊断】音同形似致误。

【辨析】"帐蓬"应为"帐篷"。"蓬"字从草,《说文》上说是一种名蒿的植物,因其籽实有毛,随风

飞扬,故名飞蓬。由此引申出散乱的意思,如蓬头散发。由蓬蒿的长势,又引申出旺盛的意思,如常用词蓬勃。"篷"字从竹,《字汇》上说是一种竹编的覆盖车船以避风雨的器具,如"乌篷船"的"篷"。引申指船帆,"升篷"即升帆。也可指各种用来遮蔽的器具,"帐篷"即是其中一种。

圮:倾坯/倾圮

【病例】由于年久失修,桥体早已于战火中倾坯,但桥头的碑刻仍清晰可辨。

【诊断】形似致误。

【辨析】"倾坯"应为"倾圮"。"坯",音yí。它和"圮"可谓酷似,但词义、词性截然不同。"坯"指桥,是名词,《史记》中便有张良坯下拾鞋的故事,坯下便是桥下。而"圮",音pǐ,是动词,义为断绝、毁坏、坍塌等。这是一个形声字,以"土"为形符,因为以土为质的器物、建筑物不牢固,易毁坏坍塌。右边的"己"是

帐篷

声符，同时也有表义作用。"己"，甲骨文字形是首尾相连的三横两竖，有说像交错编织的丝缕，应是"纪"的本字。用丝缕的容易扯断，兼表"圮"的断绝毁坏之义。

频：视屏/视频

【病例】商店里有一块宣传牌，上面写的是："您已进入网络视屏监控区，请保持微笑。"

【诊断】音近义混致误。

【辨析】"视屏"应为"视频"。"视频"属现代科技用语，指在电视或雷达等系统中，图像信号所包括的频率范围，一般在零到几兆赫之间。"视频监控"即利用视频技术实施监控。"视屏"指的是具体电子产品，即显示屏、荧光屏，其本身没有监控功能。

平：凭添/平添

【病例】城市雕塑是需要眼光的，设计得好可以凭添秀色，设计得不好，也可能大煞风景。

【诊断】音同致误。

【辨析】"凭添"应为"平添"。"平"和"凭"读音均为píng。在现代汉语中，平、凭二字经常纠缠不清，如把"平心而论"写作"凭心而论"，"平白无故"写作"凭白无故"，等等。"平添"写作"凭

添",也是其表现之一。所谓"平添",是自然而然地增添,这是由"平"的平静、平和的意义演化而来的。"平"表达的是一种状态,而不是依照或凭借的意思。

蘋:**青萍/青蘋**

【病例】古人说,风起于青萍之末。作为一个刑侦人员,在风还没有刮起时,就能看到它的踪迹。

【诊断】音近义混致误。

【辨析】"青萍"应为"青蘋"。"风起于青蘋之末",见于汉代宋玉的《风赋》。原文中用的是繁体字"蘋"。这是一个多音字,读音为píng时,是蘋果的"蘋",现简化为"苹";读音为pín时,是青蘋的"蘋",现简化为"蘋"。青蘋为多年生的蕨类植物,茎横生于浅水的泥中,长长的叶柄伸出水面。叶柄顶端有四片小叶,形如汉字"田"字,故又称"田字草""四叶菜"。只要水面上有风,青蘋便会像测风仪一样轻轻晃动。这就

田字草

是所谓"风起于青蘋之末"。"萍"是浮萍的"萍",浮萍贴于水面,重心很低,人们是无法通过浮萍来观测风的大小的。

抔:一杯黄土/一抔黄土

【病例】老刘最后这样感叹道:争权夺利为那般?贫贱富贵都是过眼云烟,最终的归宿都是一杯黄土。

【诊断】形似致误。

【辨析】"一杯黄土"应为"一抔黄土"。"抔",音 póu,本义是"用手捧取"。引申作量词,相当于"捧""把"。"一抔土"即一捧土。《史记·张释之冯唐列传》中有这样一个故事:有人偷了高帝庙中的一只玉环,汉文帝大怒,下令廷尉张释之治罪。张释之判弃市(在街头执行死刑并暴尸街头)。文帝说此人偷了高庙器物,应该灭族。张释之回答:按律应当弃市。盗取高帝宗庙中的器物判灭族,有人取走高帝墓中的一抔土,陛下将判什么罪?最后文帝依从了张释之的判处。后人便也用"一抔土"或"一抔黄土"作为坟墓的代称。"杯",即杯子。土一般不用杯子装,所以汉语中没有"一杯土"或"一杯黄土"的说法。

岐:芪黄/岐黄

【病例】老家的小山村里,有个精通芪黄的老先生,

常常免费为乡亲们治病。

【诊断】音同义混致误。

【辨析】"芪黄"应为"岐黄"。"岐"和"芪"读音均为qí。"岐"为岐伯,传说中的古代医学家,被尊称为"天师"。《黄帝内经素问集注》:"天师,尊称岐伯也。"黄帝,传说中的中原各民族的共同祖先,有很多发明创造,包括医学。医学史上举足轻重的《内经》一书,即托名岐伯和黄帝等讨论医学问题,以问答的形式写成。故中医可称"岐黄之术","岐黄"二人为中医之祖。"芪"是黄芪的"芪",中草药的一种。

其:出奇不意/出其不意

【病例】演出小分队绕过后山,第二天晚上,出奇不意地出现在观众面前。

【诊断】音同致误。

【辨析】"出奇不意"应为"出其不意"。"其"和"奇"读音均为qí。"出其不意",就字面意义解释,是趁

传说中的古代医学家——岐伯

别人没有想到。《孙子·计篇》中的名句："兵者,诡道也。……攻其无备,出其不意。"现泛指出乎意料。这里的"其"是代词。写作"出奇不意",可能是受到了"出奇制胜"的干扰,但"出奇不意"是说不通的。"其"和"不意"可以搭配,"其"是他、他们,"不意"是没想到,常见的定中结构;而"奇"和"不意"搭配,则有点不知所云。

其:两全齐美/两全其美

【病例】主任的想法,是希望再试一次,力争做到两全齐美。

【诊断】音同致误。

【辨析】"两全齐美"应为"两全其美"。"两全其美"义为做事兼顾两方面,使双方都达到完美的结果。"全"在这里是动词,是成全、顾全之意;"其"是代词,指他的或他们的。后面两字如写成"齐美",既违背了成语的定型化的要求,在表意上也有明显的区别。

耆:蓍宿/耆宿

【病例】老人已过八十,是芜湖蓍宿,学养深厚,在当地颇有文名。

【诊断】形似致误。

【辨析】"蓍宿"应为"耆宿"。"耆",音qí,本

义为六十岁的老年人,引申泛指年老。此字的结构是:上面从老省,下面是个旨字,旨有味美义。说明老年人要吃点好的保养身体。所谓"耆宿",即有声望的老人。"蓍",音shī,本义指一种草,古人用它的茎来占卜。用龟甲、兽骨占卜称卜,用蓍草占卜称筮,合称"卜筮"。

讫:起迄/起讫

【病例】沈从文的《边城》,结构非常完美。二十一节,一气呵成;而各节又自成起迄,是一篇篇美丽的散文诗。

【诊断】音同形似致误。

【辨析】"起迄"应为"起讫"。"讫"和"迄"读音均为qì。在汉字历史上,这两个字纠缠不清,可以用"迄"的地方,也可以用"讫",比如"迄今为止"可以写成"讫今为止"。现代汉语中已经有了明确的分工:"迄"强调的是过程,"讫"强调的是结果。"迄无定论",说的是从开始到

金文"耆"

现在,这是一个过程,用"讫";"收讫""验讫",说的是收完、验完,"完"是结果,用"讫"。"起讫"的"起"是开始,"讫"是结束,当然应该用"讫"。

汽:气船/汽船

【病例】当天晚上,我们就乘气船回岛,调查组的人员还没离开。

【诊断】音同义混致误。

【辨析】"气船"应为"汽船"。"汽"指蒸汽,即液体或某些固体受热以后变成的气体;也可特指水蒸气。"气"是一个象形字,"象云起之貌"。本义指自然界的各种气体,如氧气、氮气、煤气、沼气。凡没有一定形状、没有一定体积,在大自然中可以四处弥散的物体,皆可称之为"气"。也可特指空气,平时说的"气压",就是指大气的压强。"汽船"是指用蒸汽机做发动机的水上交通工具,只能用"汽"。

葺:修茸/修葺

【病例】待学生从农村基地回来时,校舍已修茸一新,三幢大楼披上了节日的盛装。

【诊断】形似误读致误。

【辨析】"修茸"应为"修葺"。"葺",音qì,从草。本义是指用茅草覆盖房屋,引申义泛指修理建筑

物。"修葺"是同义语素构成的合成词。"茸",音róng,《说文》的解释是:"草茸茸貌。"本义为草初生时的柔软纤细的样子,引申义可泛指具有类似特征的东西,如细密的兽毛、松软的织物等。"茸"又是"鹿茸"的简称。但以上"茸"字均不能作动词用,更不能和"修"字搭配组词。

洽:融恰/融洽

【病例】小玲待婆婆如亲妈,和小姑、小叔的关系也非常融恰,年年被村里评为好媳妇。

【诊断】音同形似致误。

【辨析】"融恰"应为"融洽"。"恰"和"洽"的读音均为qià。三点水的"洽",本义为沾湿、浸润,故其字从水。由浸润引申出和睦、协调、商量等义项。所谓"融洽",说的是关系的和睦、协调,和"洽"字的引申义是一致的。竖心旁的"恰",可以用作形容词恰当,如"其言不恰";或者用作副词正好,如"恰到好处";但不能用于

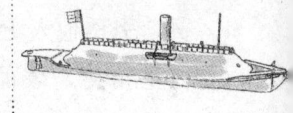

汽 船

"融洽"。

谴：遣责/谴责

【病例】"光盘行动"开展以后,那种只点不吃的摆阔行为,受到了舆论的遣责。

【诊断】音同义混致误。

【辨析】"遣责"应为"谴责"。"谴"和"遣"读音均为qiǎn。走之底的"遣",常用于派、送,如"调兵遣将""遣送出境"。言字旁的"谴"则和言语有关,指用言语责备、申斥。"谴责"一词用的是"谴"的本义,和用于派、送的"遣"没有关系。

缲：撬边/缲边

【病例】天桥下面,一摊主在卖羊毛衫,边上围着一圈人,你争我抢,明眼人一看便知是"撬边"角色。

【诊断】词义误解致误。

【辨析】"撬边"应为"缲边"。"缲",音qiāo。所谓"缲边",本指一种缝纫方法,把布帛的边往里卷,然后缝起来,而外面不露针脚。后引申指一种商业欺骗行为,雇人假装顾客争相购买,或对商品大加称赞,引诱他人上当。这种做法犹如"缲边"一样,一心往里帮衬,表面不露痕迹。这是一个很形象的比喻。有人不解这一方言词语的来历,误写成了音近的"撬

边"。"撬",音qiào,义为用棍棒刀锥等硬物插入缝中或孔中,用力向外扳,跟"缲边"的意思正好相反。

青:亲睐/青睐

【病例】新款一上市便产生轰动效应,尤其是受到了年轻女性的亲睐,创造了夏季销售高峰。

【诊断】音近义混致误。

【辨析】"亲睐"应为"青睐"。"青睐"的"青",既不是"亲自",也不是"亲切"。所谓"青睐"即青眼,和"白眼"相对。这里的"青"指黑色。《世说新语》说三国魏名士阮籍"能为青白眼",见凡俗之士,眼睛上翻,以白眼对之;见到喜欢的人,则眼睛平视,以黑眼对之。后因以"青白眼"表示欢迎和厌恶两种截然不同的态度。"青睐"便由此而来。

清:山青水秀/山清水秀

【病例】山青水秀太阳高,好呀么好风飘。小小船儿撑过来,它一路摇呀

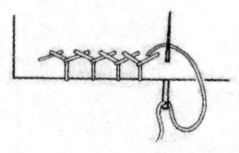

缲 边

摇。

【诊断】音同义混致误。

【辨析】"山青水秀"应为"山清水秀"。汉语中的四字格成语,在结构上往往有相互对应的特点。"山清水秀"说的是风景优美,其中"山"和"水"相对,"清"和"秀"相对,"清"是一种品质,"秀"也是一种品质,所以不能写成"山青水秀"。如果一定要用"青"字,那应该写成"山青水绿",因为"青"是色彩,"绿"也是色彩。

顷:倾刻/顷刻

【病例】一阵狂风刮来,倾刻间飞沙走石,天昏地暗。

【诊断】音近形似致误。

【辨析】"倾刻"应为"顷刻"。"顷"和"倾"纠缠可以说是事出有因。"顷"是会意字,左面的"匕"是人歪头的样子,右面的"页"代表头,其本义为头歪斜,引申可指偏斜乃至倾覆。但这一义项后加了单人旁写成了"倾","倾"是"顷"的加旁分化字。两字现在的分工是:"顷",音qǐng,因其本义头歪斜是很短的时间,所以可以构成"顷刻""少顷"等词,表示时间短暂;引申可指不久以前,如"顷闻""顷接"。"倾",音qīng,歪斜,引申可指偏向、倒塌等义。

罄:磬竹难书/罄竹难书

【病例】日本侵略者一路烧杀抢掠,留下了一座座无人村,犯下的罪行磬竹难书。

【诊断】音同形似致误。

【辨析】"磬竹难书"应为"罄竹难书"。"罄"和"磬"读音均为qìng。"罄"从缶,缶者,瓦罐也,《说文》的解释是:"器中空也。"引申指尽、完。"磬"从石,《说文》的解释是:"乐石也。"古代的一种打击乐器。甲骨文形体左上方悬挂一物,右下方以手执物作敲击状。成语"罄竹难书",见《旧唐书·李密传》:"罄南山之竹,书罪无穷;决东海之波,流恶难尽。"古人曾用竹简作书写材料,"罄竹"便是用完所有的竹子,理应用"罄"而不用"磬"。

驱:长趋直入/长驱直入

【病例】部队接到命令后,连夜急行军,天拂晓的时候,先头部队长趋直入,开进了徐州城。

乐器——磬

【诊断】音同义混致误。

【辨析】"长趋直入"应为"长驱直入"。"驱"和"趋"读音均为qū。"驱",本义是策马前进,引申指奔驰,故其字从"马"。"趋",段玉裁在解释《说文》时说:"徐行曰步,疾行曰趋,疾趋曰走。""趋"指快步行走。古代特指一种小步快走的礼仪。比如为了迎接尊贵的客人,主人特意紧走几步迎上前去,这便是"趋"。长驱,即长距离地快速奔驰;直入,径直进入。"长驱直入"是个成语,意思是长距离行军,毫不停顿地快速前进,顺利地直达目的地。把"长驱"说成"长趋",是不合情理的。

诠:铨释/诠释

【病例】经过他这一番深入浅出的铨释,在场的人全都恍然大悟。

【诊断】音同形似致误。

【辨析】"铨释"应为"诠释"。"诠"和"铨"读音均为quán,两个字又都是形声字,以"全"为声符,故容易混淆。"铨"本义指衡器,故其字为"金"字旁。"铨"可以用作动词,指衡量器物轻重。"诠",《说文》的解释是:"具也。"即详详尽尽地说明,故其字为"言"字旁。所谓"诠释",义为详加说明、解释,用指衡器的"铨"字是说不通的。

券：入场卷/入场券

【病例】法国队昨天发挥出色，战胜了东道主日本队，提前一轮获得了奥运会入场卷。

【诊断】形似致误。

【辨析】"入场卷"应为"入场券"。两字的区别在下半部分。"券"的形符为"刀"，《说文》的解释是："券，契也。"即用作凭证的契据，大都以竹木分割而成，双方各执一半，以便相合验证，故其字从"刀"。"卷"的形符为"㔾"，像一个跪着的人，其本义指膝盖弯曲。古代书籍无论是竹简还是帛书，皆可卷起伸开，具有弯曲的特征，故书册、画轴之类皆可称卷，并可用卷来计量，如手不释卷、卷帙浩繁。"入场券"是入场的凭证，理应用"券"而不用"卷"。

阕：一阙/一阕

【病例】远远望去，一条长长的苏堤，在游人的点缀下，宛如一阙格调清新的词。

【诊断】音同形似致误。

【辨析】"一阙"应为"一阕"。"阕"和"阙"的读音均为què。在谈到古代的乐曲或歌辞时,常用"阕"来做量词,如"一觞一阕《千秋岁》"。"一阕"即"一首"。"阕"本义为祭祀毕关门,所以以"门"为形符,里面的"癸"兼有表义作用。癸,音guǐ,天干的最后一个,甲乙丙丁戊己庚辛壬癸,天干到癸结束,所以"阕"表示事情至此告一段落。由此引申出终了义、止息义。当一支曲或一首词终了时,用"阕"来计量,意在突出它的完整性。"阙"的本义指宫门或城门两边的高台,中间有道路连通里外,台上可建楼观。这是城墙的一道风景,所以"阙"引申可指宫殿,指帝王居住之处。如白居易笔下的"九重城阙烟尘生,千乘万骑西南行"。上面的"阙"左右各一,中间为通道即缺口,故"阙"可通"缺"。但"阙"从不用作量词。

鹊:声名雀起/声名鹊起

【病例】如此频繁炒作,即使赢得声名雀起,也只能说是浪得虚名,有什么值得骄傲的呢?

【诊断】音同义混致误。

【辨析】"声名雀起"应为"声名鹊起"。"鹊"和"雀"读音均为què。"鹊"指喜鹊,其生物学的特点是嘴尖尾长,翅膀有力,一飞冲天。"雀",小鸟也,

特指麻雀。其特点是脚短，翅短，整日跳跳蹦蹦，所以人们常用"雀跃"来形容欢快的气氛。"声名鹊起"是说一个人名声大振，就像喜鹊一样一下子到了很高的位置。"雀"是不具备这一特点的。

攘：熙熙嚷嚷/熙熙攘攘

【病例】到了熙熙嚷嚷的北京王府井大街，没走几步便是烤鸭店，我们找了一个临街的位子坐下。

【诊断】音近形似致误。

【辨析】"熙熙嚷嚷"应为"熙熙攘攘"。这条成语本于《六韬》："天下攘攘，皆为利往；天下熙熙，皆为利来。"形容人来人往、十分热闹的样子。"攘"，音rǎng，有"排斥""排除"义，如常用的"攘除""攘外"。"攘攘"为引申义，形容人多的时候，推来撞去形成的热闹场面。"嚷"本义是"大声喊叫"。引申指"吵闹"，还可指"责备""训斥"，和"熙熙攘攘"的气氛不协调，故不用"嚷"。

喜鹊

扰：干挠/干扰

【病例】培训班安排在市郊农场，目的是让大家排除干挠，安下心来读书。

【诊断】形似义混致误。

【辨析】"干挠"应为"干扰"。"扰"，音rǎo，在篆文中的写法是提手旁加一个"夒"。夒是猴类动物，以好动为特征，故"扰"有不安宁的意思，构成的词有打扰、惊扰、困扰、骚扰等。"挠"，音náo，原也有搅动的意思，引申指扰乱，但这些义项现用"扰"来表示，"挠"的常用义项为轻抓、阻挡或折断，如挠痒、阻挠、百折不挠。这些义项和"干扰"无关。

轫：发韧/发轫

【病例】据可靠资料证明，杭州的棉纺织业虽发展在拱墅区，其发韧地则在下城区江山弄。

【诊断】音同形似致误。

【辨析】"发韧"应为"发轫"。"韧"和"轫"读音均为rèn。两字皆为形声字。"韧"从"韦"，"韦"指皮革，以坚韧为特征，成语有"韦编三绝"。古代的竹简用牛皮编连，孔夫子读《易》皮绳子断了三次，可见用功之深。"韧"便是柔软而坚固的意思。"轫"从车，指支住车轮不让它转动的木头。车子要启动，第一件事便是要搬掉这块木头，这便是"发轫"。后用来比

喻新事物或某种局面开始出现。《字汇·车部》："去轫轮动而车行,故凡初为则曰发轫。"

糅:揉合/糅合

【病例】作者把历史和传说、事实和幻想,巧妙地揉合在一起,构成了奇妙的诗的意境。

【诊断】音同形似致误。

【辨析】"揉合"应为"糅合"。"糅"和"揉"读音均为róu。米字旁的"糅",是掺杂、混合的意思,即你中有我,我中有你,构成的词如杂糅、糅合。提手旁的"揉",最初的写法是"煣",指用火慢慢熏烤使物体变弯或者变直。形符改为从手,其本义不变,如成语"矫揉造作",其中"揉"就是指使直的变弯。引申指用手来回搓或擦,如揉面、揉眼睛。表示掺杂、混合义的"糅合",不应写成"揉合"。

瘙:搔痒病/瘙痒病

【病例】老年人发生搔痒病,往往

搔痒图

以躯干最痒，患者有针刺、灼热或虫爬行感。

【诊断】形似义混致误。

【辨析】"搔痒病"应为"瘙痒病"。瘙痒病医学上指一种有明显瘙痒感而没有原发性病变的皮肤病。"瘙"，音sào，古书上指疥疮，故以病字头为形符。"搔"，音sāo，用指甲或其他物体轻轻抓挠，故以提手旁为形符。瘙、搔二字词性不同，"瘙"是名词，"搔"是动词；"瘙痒"是皮肤的一种感觉，"搔痒"则是止痒的一种动作。瘙痒病患者难免会搔痒，但搔痒者不一定都患有瘙痒病。

潸：潜然泪下/潸然泪下

【病例】站在罗中立的油画《父亲》面前，想起了我乡下的老父亲，不禁潜然泪下。

【诊断】形似致误。

【辨析】"潜然泪下"应为"潸然泪下"。"潜"和"潸"字形十分相似。当年有人取名"朱光潸"，不少人误以为是美学家"朱光潜"。朱光潸先生后来不得不发表《致朱光潜的一封信》，说明事实真相。"潸"，音shān。《说文》的解释是："涕流貌也。""涕"指眼泪，"潸然"即眼泪哗哗流下的样子。"潜"的本义指在水下行走，故其字为三点水旁。引申可泛指隐蔽，如"潜伏"。这是一个动词，和眼泪无关。

赡:瞻养/赡养

【病例】我国的《婚姻法》规定,子女对父母有瞻养扶助的义务……

【诊断】形似致误。

【辨析】"瞻养"应为"赡养"。"赡",音shàn,贝字旁,同钱财有关,义为供给生活所需,如丰赡、富赡、赡养等。"瞻",音zhān,目字旁,同眼睛有关,义为往前看或往上看,如瞻仰、观瞻、瞻望、瞻前顾后、高瞻远瞩等。"赡养"无疑应该用贝字旁的"赡"。

赏:欣尝/欣赏

【病例】不要总是挑剔,总是埋怨,换一副欣尝的眼光,你也许会有意想不到的收获。

【诊断】简繁误认致误。

【辨析】"欣尝"应为"欣赏"。"赏",音shǎng,"赏识"的赏,"賞"的简化字。"尝",音cháng,"尝试"的尝,"嘗"的简化字。尝、赏读音不同,字义有别,本是两个互不

罗中立的油画《父亲》

相干的字。也许因为"补偿"的"偿"简化为"偿",于是有人误以为"赏"简化为"尝","欣赏"便常常误写为"欣尝"。为此,1986年10月10日《简化字总表》重新公布时,曾针对这一常见差错,特地加了一条注释:"尝:不是赏的简化字。赏的简化字是赏。"

慑:震摄力/震慑力

【病例】不动产登记条例实施后,对腐败官员产生了震摄力,犹如在他们头上悬挂了一柄达摩克利斯剑。

【诊断】音同形似致误。

【辨析】"震摄力"应为"震慑力"。"慑"和"摄"读音均为shè。"慑",表示的是一种心理状态:丧气或者胆怯。《说文解字》的解释是:"失气也。"故其字为竖心旁。引申可指使之害怕,使之畏惧。"摄",《说文解字》的解释是:"引持也。"义为用手提起或者夹起,故其字为提手旁。现代常用的拍摄、保养、代理等义,都是由此引申而来的。所谓"震慑力",就是一种使之震动、使之害怕的力量,理应用"慑"。

生:谈笑风声/谈笑风生

【病例】有"飞人"之称的美国篮球巨星乔丹,于5月21日访问香港,面对记者的提问谈笑风声。

【诊断】音同致误。

【辨析】"谈笑风声"应为"谈笑风生"。成语"谈笑风生",形容说话轻松自如,又说又笑,言辞诙谐,似乎搅动了周围的空气,营造了一种欢快活跃的气氛。"风生"其实就是"生风","生"是动词。"风声",从字面看,是指风的声音,也可指消息,如"听到风声""走漏风声"等。在"谈笑风生"这一结构中,"谈笑"是因,"风生"是果,浑然一体,词意显豁;误为"谈笑风声","风声"成了"谈笑"的对象,自是说不通的。

使:见风驶舵/见风使舵

【病例】做人一定要有主见,见风驶舵者自以为聪明,其实不过是一个投机分子。

【诊断】音同义混致误。

【辨析】"见风驶舵"应为"见风使舵"。"使"的本义是"命令""派遣",构成的词如驱使、支使、唆使、鬼使神差等。"驶"的本义是"马行疾

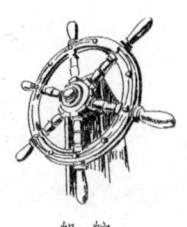

船舵

速"。引申指"行驶"。还引申指"驾驶""开动"。"使舵"的意思是掌管船舵的方向。"见风使舵"是个成语,意思是看风向掌管船舵,比喻跟着形势变化转变态度。"驶"不能与"舵"搭配。"舵"只能"掌管"而不能"驾驶"。

世: 人情事故/人情世故

【病例】中国人重人情,讲关系,早已成为一种传统,因而有人情事故皆学问之说。

【诊断】音同致误。

【辨析】"人情事故"应为"人情世故"。"人情世故"原或作"人情世务""人情世态",指人世间的习俗和情态。通常说的是懂得人情世故,即懂得为人处世的道理。这里"人情"和"世故"并举,高屋建瓴,大处着眼,"人情"中包含"世故","世故"中包含"人情"。"事故"原用来指变故或缘故等义,现多用来指意外发生的损失或灾难。"事故"属于"世故",但无法代替"世故"。"人情"和"事故"是无法对应的。

士: 人仕/人士

【病例】飞来横祸,3岁小女孩失去左腿;消息传开后,爱心人仕纷纷伸出援手。

【诊断】音同义混致误。

【辨析】"人仕"应为"人士"。"士"和"仕"读音均为shì。"仕",动词,指做官,如出仕、仕途。"士",名词,古代指未婚的青年男子,后指大夫和庶民之间的阶层;引申为对读书人的通称,如名士、寒士;又引申为对人的美称,如烈士、勇士、女士;现代指某些专业人员,如院士、护士、助产士等。"人士"通常指有一定社会地位和影响的人,如"爱国人士""专业人士"。"爱心人士"也是其中一种。这和做官无关,因此不应用"仕"。

恃: 有持无恐/有恃无恐

【病例】在钓鱼岛问题上,日本人有持无恐,不顾历史事实,一意孤行。

【诊断】音近义混致误。

【辨析】"有持无恐"应为"有恃无恐"。"恃",音shì,形声字。本义是依赖、依仗。成语中有"恃才傲物",就是指依赖自己的才能而骄傲自大,轻视旁人。"恃"还可作母亲的代

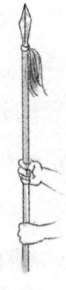

持械

称。《诗经•小雅•蓼莪》中有这样一句诗："无父何怙？无母何恃？""怙"，音hù，依靠，义同"恃"。后世便用"怙"代称父亲，用"恃"代称母亲。"有恃无恐"，指因为有依靠、有后台就不害怕、没顾忌，含有贬义。"持"，音chí，本义是"握住""拿住"，如"持枪站岗"。后引申指掌握、主张、采取、控制等等，如持之有故、相持不下。汉语中没有"有持无恐"的说法。

是：各行其事/各行其是

【病例】作为党的干部，必须认真贯彻党组织的决议和指示，而不能自作主张，各行其事。

【诊断】音同义混致误。

【辨析】"各行其事"应为"各行其是"。"是"和"事"读音均为shì。"是"是个会意字，小篆字形，从日正。本义为正，不偏斜。《说文》的解释是："直也。""各行其是"出于《庄子•徐无鬼》："天下非有公是也，而各是其所是。"义为按照各自认为对的去做。"各行其事"成了各干各的事情，这和"是其所是"的说法是不一致的。一个是遵循做事的标准，一个是具体地做某一件事。

手：额首称庆/额手称庆

【病例】北平最终获得和平解放，国人额首称庆；

而梁思成夫妇昼夜圈点禁止炮轰地图一事,则成为民族文化遗产保护的永久佳话。

【诊断】音同致误。

【辨析】"额首称庆"应为"额手称庆"。"额",眉毛以上、头发以下的部位,俗称"脑门子"。"额手"有两种不同的说法:一是以手加额,即把手放在脑门子上,这是人们在表示庆幸时的一种常见动作。二是双手合十,举到额头部位,表示庆幸。不论哪一种解释,用的都是"手"不是"首"。"首",本义为头,引申指最上面的、最前面的。"额首","首"如指头,额、首形成了包容关系,在逻辑上说不通;如果指最上面的,额之首称庆,同样让人莫名其妙。

受:授权声明/受权声明

【病例】事务所接受了公司的委托,一周之内便在一家晚报的头版位置上,刊登了《律师授权声明》。

【诊断】音同义混致误。

额手称庆

【辨析】"授权声明"应为"受权声明"。"受"和"授"读音均为shòu，"授"义为给予、交付，"受"义为接受、得到。古代封建道德中有所谓"男女授受不亲"，就是男人女人之间不能亲手交接东西。"授权"和"受权"有施受之别：授权者为权力拥有方，所谓"授权"，即把自己的权力委托给他人或机构行使；受权者则为权力的接受者，所谓"受权"，即依法接受委托行使某种权力。律师发表的声明是受权发表的，故应称"受权声明"，不是"授权声明"。如果要发布授权声明，那只能由把权力委托给律师事务所的公司发布。

殊：孰不知／殊不知

【病例】孰不知"价格战"是把双刃剑，几年鏖战下来，彩电企业突然发现谁也没有捞到什么好处。

【诊断】音近义混致误。

【辨析】"孰不知"应为"殊不知"。"孰"，音shú，疑问代词，义为"谁"或"什么"，如"人非圣贤，孰能无过？""是可忍，孰不可忍？""孰不知"即"谁不知"，意思是谁都知道。"殊"，音shū，可作副词，"殊不知"意思是竟然没想到，竟然没发觉。从例句来看，彩电企业是经过"几年鏖战"之后，因为"谁也没有捞到什么好处"，才意识到价格战是把"双刃剑"的。这显然是"殊不知"而不是"孰不知"。

戍：戌边/戍边

【病例】那些年轻的边防战士，冒着酷暑、严寒，在祖国北疆的边防线上卫国戌边。

【诊断】 形似致误。

【辨析】"戌边"应为"戍边"。"戍"，音shù。这是一个会意字，字形的左边为"人"，右边为"戈"，一人持戈，以此表示守卫的意思。"戌"，音xū。看上去和"戍"相似，其实造字方法不同。这是一个象形字，描绘的是大板斧的形象，本义指斧钺一类的武器。后来借为地支用字，是地支的第十一位。"戌"没有守卫的意思，"卫戍"不能写作"卫戌"；同样，"戍"也不是干支用字，"戊戌变法"不能写作"戊戍变法"。

栓：血拴/血栓

【病例】脑血拴让张大爷行动不便，但他的孙子又能干又孝顺，小区里的人都夸奖。

【诊断】音同形似致误。

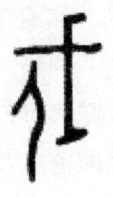

甲骨文"戍"

【辨析】"血拴"应为"血栓"。"栓"和"拴"读音均为shuān。两字的根本区别在于形符不同。"栓",以"木"为形符,名词,器物用作开关的机件,或是塞子、像塞子的东西,如枪栓、瓶栓、栓子。"拴",以手为形符,动词,义为用绳子等系上,如拴马、拴驴、拴车等。"血栓"是心脏或血管内由血液的某些成分凝结成的栓状物,这是名词,所以要写成"血栓",不能写成"血拴"。

妁:媒灼/媒妁

【病例】如今一些偏远、落后的乡村里的少女,她们的婚姻还是要靠父母之命、媒灼之言来解决。

【诊断】形似误读致误。

【辨析】"媒灼"应为"媒妁"。"妁",女字旁,同婚嫁有关,音shuò。《说文》的解释是:"妁,酌也,斟酌二姓者也。""媒"是谋合二姓者,"妁"是斟酌二姓者,所谓"媒妁",即说合婚姻的人。另有一说:男方曰媒,女方曰妁。"灼",火字旁,同火、光、热有关,音zhuó,义为火烧、明亮,如灼热、灼伤、灼痛、真知灼见。相比之下,"灼"是常用字,有人把"媒妁"读成了"媒zhuó",结果笔随口误,笔下写的也是"媒灼"。

烁：闪灼其词/闪烁其词

【病例】小何见妈妈又问起洁云的事，自己无法说明真相，只能支支吾吾，闪灼其词。

【诊断】义混致误。

【辨析】"闪灼其词"应为"闪烁其词"。"烁"，音shuò，本义和光亮有关，故其字从"火"。但和一般光亮义不同的是，"烁"除了明亮，还有闪耀的意思。"闪烁"一词，指光亮动摇不定、忽明忽暗。用在成语"闪烁其词"中，则是指说话吞吞吐吐，欲说还休，让人捉摸不定。这是一种比喻用法。"灼"，音zhuó，同样有明亮的意思，但不和"闪"搭配。

铄：众口砾金/众口铄金

【病例】老话说得好，众口砾金。没有良好的语言环境，再勇敢也会有顾虑的。

【诊断】形似致误。

【辨析】"众口砾金"应为"众口铄金"。"铄"，音shuò，义为金属或

旧时媒婆

矿物熔化，故其字从"金"。如成语有铄石流金、众口铄金。"砾"，音lì，义为小石块，故其字从"石"，如沙砾、瓦砾。"众口铄金"的意思是，在众口一词的情况下，连金属也可以熔化，比喻舆论的力量极大。既然"铄金"是指熔化金属，自然应该用"铄"。

蛳：炒螺丝/炒螺蛳

【病例】待我们坐定后，首先端上桌的是一盆颇具江南特色的炒螺丝，看上去十分诱人。

【诊断】音同致误。

【辨析】"炒螺丝"应为"炒螺蛳"。"蛳"和"丝"读音均为sī。"螺丝"即螺钉，连接或固定用的金属零件，因其有螺形旋纹而得名；"螺蛳"是淡水螺的通称，即一种由硬壳包裹起来的软体动物，故两字均从"虫"。"炒螺蛳"以螺蛳为原料，当然用"螺蛳"；如果炒的是"螺丝"，谁还敢吃？在螺类家族中，螺蛳是形体最小的一种，为此，人们也常用"螺蛳壳"来比喻局促、狭窄的空间环境，如"螺蛳壳里做道场"。

厮：撕杀/厮杀

【病例】英勇的八路军战士，与日寇撕杀了一天一夜，终于攻下了大王庄。

【诊断】音同义混致误。

【辨析】"撕杀"应为"厮杀"。"厮"和"撕"读音均为sī。"厮",本义为对干粗活的男性的蔑称,如早期白话文中的"小厮"。在汉语使用中,"厮"还用作"相"。如"厮守"即相互守候,"厮打"即相互打闹,"厮拼"即相互拼命。"撕"指"用手使东西(多为薄片状的)裂开或离开附着体"。如"把报纸撕成两半了"。"厮杀"本义为相互打杀,即战斗,误为"撕杀"只能理解成"撕而杀之",于理不通。

淞:雾凇/雾淞

【病例】哈尔滨的雾淞就是这个城市的著名景观,沿着松花江,一排排玉树、万千条琼枝,令游人叹为观止。

【诊断】音同形似致误。

【辨析】"雾淞"应为"雾凇"。"凇"和"淞"读音均为sōng。"凇",两点水旁,两点水在甲骨文里是冰花的象形。"凇"就是雾、水汽、

螺蛳

雨滴等遇冷凝结成的冰花,可分为雾凇、雨凇等。雾凇也叫"树挂",雨凇也称"冰挂";雾凇不透明,雨凇是透明的。"凇",三点水旁,与水有关。本义为水名,即凇江。发源于江苏太湖,流至上海与黄浦江汇合入长江。因处古吴地,因而通称吴淞江。

粟:沧海一栗/沧海一粟

【病例】研究发现,思考时左脑用得非常少,与整个脑子相比较,发挥的作用甚至可以说是沧海一栗。

【诊断】形似致误。

【辨析】"沧海一栗"应为"沧海一粟"。"粟",音sù,古代泛指谷类。后世也特称现在北方人所说的"谷子",去皮后叫小米。古代常用粮食作官员的薪水,所以"粟"还可指"俸禄"。如"书中自有千钟粟"。"栗",音lì,本是木名,即现在所说的栗子树,又可通"慄",表示因恐惧或寒冷而发抖,如"战栗""不寒而栗"等等。"沧海一粟"的"粟"有不同的解释,通常认为即谷子,或者像谷子一样的沙粒,比喻极为渺小。

溯:追朔/追溯

【病例】读完此书,你不仅能追朔到自己姓氏的源头,还会增加许多有关中国古代历史和文化制度的知识。

【诊断】音近形似致误。

【辨析】"追朔"应为"追溯"。"溯",音sù,本义指逆流而上,故从水。声符"朔"暗含逆义,"溯"引申可指往前推求、回想,如成语"追根溯源"。"朔",音shuò,《说文》的解释是:"月一日始苏也。"意思是每逢农历初一,月亮"复苏",由暗转明,故字形从月屰(nì)声,"屰(逆)"亦表义,有逆转的意思。初一便称"朔日"。追、溯二字同义,都是动词性的语素。

祟:鬼鬼崇崇/鬼鬼祟祟

【病例】据小区保安反映,有两个鬼鬼崇崇的家伙,曾到过302室,形迹十分可疑。

【诊断】形似误读致误。

【辨析】"鬼鬼崇崇"应为"鬼鬼祟祟"。"祟",音suì,是个会意字,从示从出。"示"代表鬼神,所以《说文》的解释是:"祟,神祸也。"古人

板 栗

把天祸称为灾,人祸称为害,神祸称为祟。"祟"是鬼神出来作怪,贻祸人间。由于形似,有人把"祟"认作了"崇"。"崇",音chóng,是形声字,其形符为山,声符是个"宗"字,本义指高大,由高大又引申出崇敬、崇拜义。鬼、祟有内在的逻辑联系,所以可以重叠连用,表达一种不光明正大的行为。

遂:顺逐/顺遂

【病例】小吴抱着幻想来到北京,但现实是残酷的,一切并不如他期待的那么顺逐。

【诊断】形似致误。

【辨析】"顺逐"应为"顺遂"。

"逐",音zhú。会意字。甲骨文字形是前面一头野猪(豕),后面一个人的脚,会意追赶野兽。造字之始追逐敌军用"追",追逐野兽用"逐",后来人兽不分,都用"追逐",泛指一切追赶。"遂",音suì。和"逐"相比,是"豕"上多了两点。这两点是个"八"字,甲骨文用相背的两笔"八"来表示"分开"之义。"遂"的本字就是"㒸",音suì,本义为分解猪体。把宰杀后的野猪悬挂起来,猪体一经分解,骨肉成功分离,肉顺利委地。由此推知,"㒸"主要的引申义之一是"成功""顺遂"。后"㒸"作了偏旁,此义便由加了走之旁的"遂"来表示。做事顺利称"顺遂",事情没做成就是"未遂"。

邃：深邃/深邃

【病例】葡萄架沿着起伏不平的山道延伸开去，连成了一条安宁、深邃、甜蜜、芬芳的长廊。

【诊断】形似致误。

【辨析】"深邃"应为"深邃"。"邃"，音suì，本义是"深远"。《说文》的解释是："深远也。"引申指精深。"深邃"是个常用词，主要有三层意思：一是幽深；二是深奥；三是深沉。"遽"，音jù，本义指古代驿站的车或马。也许因为驿站的车、马一般速度很快的原因，"遽"引申指"疾速"。再引申指"匆忙""窘迫""恐惧"等义。"深"和"邃"是同义语素，可以搭配成词。

薹：蒜苔/蒜薹

【病例】蒜苔当然算不上山珍海味，但却是我喜欢吃的蔬菜，尤其是和腊肉炒在一起。

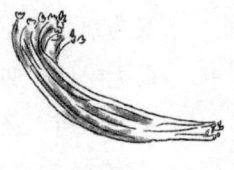

蒜薹

【诊断】简繁误认致误。

【辨析】"蒜苔"应为"蒜薹"。这一错误是有人误以为"苔"是"薹"的简化字造成的。其实,薹是薹,苔是苔。"薹",音tái,是蒜、韭菜、油菜等生长到一定阶段时中间部分长出的细长的茎,顶上开花结实,嫩时可以食用。"蒜薹"便是俗称蒜苗的食材。"苔"是苔藓一类植物,和蒜完全扯不到一起。

袒:坦胸露臂/袒胸露臂

【病例】远远望见一个大汉,草帽短衣,肩上背了行囊,坦胸露臂,急匆匆地走来。

【诊断】音同形似致误。

【辨析】"坦胸露臂"应为"袒胸露臂"。"袒"和"坦"读音均为tǎn。衣字旁的"袒",动词,义为脱去或敞开上衣,露出一部分身体。"袒"还有袒护、偏向义,出于汉代的一个典故。汉高祖刘邦死后,吕后培植吕姓势力。吕后死后,太尉周勃夺取了军权,他对军中众人说:"凡拥护吕氏的露出右臂,凡拥护刘氏的露出左臂。"结果军中皆"左袒"。提土旁的"坦",形容词,义为地面平而宽阔,故其字从"土",引申可指性格直率而无隐讳,如坦然、坦荡、坦率、坦诚。"坦"强调的是平,"袒"强调的是露,音虽同而义相异。

炭:木碳/木炭

【病例】冬天的夜晚,奶奶喜欢端个小板凳,坐到火盆前做针线活。我就挨在她身边,两脚踩着盆边,看木碳的火苗小蛇似的飞舞着。

【诊断】音同义混致误。

【辨析】"木碳"应为"木炭"。"炭"和"碳"读音均为tàn。山字头的"炭",是木材燃烧而成的一种黑色燃料,即"木炭"。石字旁的"碳",是近代科学新造的科技用字,指一种化学元素,符号是C。"碳"的化合物很多,如碳酸盐、一氧化碳、二氧化碳等。"碳"的化学性质稳定,在空气中不起变化,是构成有机物的重要成分。但碳不能直接用作燃料。市面上常见的"碳烧咖啡""碳烧腰果"之类,其中"碳"字都是"炭"的误写。

蹚:淌过河去/蹚过河去

【病例】老家的小学离村子很远,每天早晨,我们淌过河去上学。

【诊断】音近义混致误。

卖炭翁

【辨析】"淌过河去"应为"蹚过河去"。有一部电视剧——《趟过男人河的女人》,在用字上曾引起争议。有人坚持用"趟"字,有人主张用"蹚"字。其实,当时用"趟"是符合规范的,在《第一批异体字整理表》中,"趟"是推荐用字,"蹚"则是淘汰的异体字。2011年《通用规范汉字表》公布后,"蹚"字已恢复使用,"蹚过河去"应以"蹚"字为规范,不再使用"趟"字。而不管过去和现在,用"淌"肯定是错的。"蹚过河去"的"蹚"是一个动词,指试探性地在浅水里移动脚步;"淌"是液体由上往下流,如"淌眼泪""淌汗"。这两个字的读音也不相同:"蹚"音tāng,阴平;"淌"读tǎng,上声。

啕:嚎淘/嚎啕

【病例】奉天宪兵司令齐恩铭深感自己责任重大,痛心疾首,跪倒帅府仪门,嚎淘自责,要求杀他抵罪。

【诊断】音同形似致误。

【辨析】"嚎淘"应为"嚎啕"。"啕"和"淘"读音均为táo。"啕",大哭。哭声、喊声都自口中发出,故嚎、啕均从口。"淘"从水,指一种在水中簸动以去除杂质的方法,如淘米、淘金。嚎啕,也可写作嚎咷、号啕、号咷。杜甫《自京赴奉先县咏怀五百字》:"入门闻号咷,幼子饿已卒。"嚎,声嘶力竭地呼喊,如鬼

哭狼嚎。"淘"和"嚎"不能搭配。

滕：黄滕酒/黄縢酒

【病例】黄滕酒，即黄封酒，是宋代的一种官酿的酒，也是当时绍兴地区进贡的一种黄酒。

【诊断】音同形似致误。

【辨析】"黄滕酒"应为"黄縢酒"。"縢"和"滕"读音均为téng。《钗头凤》一词是陆游现存最早的一首作品，传说为在沈园邂逅前妻唐琬有感而作。当时的情形是：陆游在沈园碰到了已经改嫁的前妻唐琬，唐琬让人给送上了"黄縢酒"。"縢"，有封闭的意思。黄縢酒即以黄纸或黄绢封口的酒，是当时的一种名酒。因縢、滕同音，字形相近，在引用这首词时，"黄縢酒"误为"黄滕酒"是很常见的。

题：金榜提名/金榜题名

【病例】饭店大堂张灯结彩，一派节日气氛。金榜提名的十大餐饮领军人物，将在这里接受颁奖。

黄縢酒

【诊断】音同义混致误。

【辨析】"金榜提名"应为"金榜题名"。"题"和"提"读音均为tí。古代科举考试,共分三个等级:乡试、会试、殿试;殿试是最高一级。"金榜"是殿试公布考试结果的榜。所谓"金榜题名",即在殿试的榜上写有名字,表示该考生已经被录取。后来常用来比喻获得某种资格或荣誉。"题名"和"提名"虽然同音,但意义有明显区别:"题名"是题上名字,这是已经揭晓的结果;而"提名"是提到名字,只是获得一种候选资格。"提名"并不意味着入选。

帖:发贴/发帖

【病例】婆婆虽然年纪大了,但还是紧跟潮流,喜欢上网,一有空就在网上发贴。

【诊断】音同形似致误。

【辨析】"发贴"应为"发帖"。"贴"从贝,本义为以物抵押,意思与钱财有关,引申出用钱财进行补偿、补贴之义。"帖"是个多音字,此处读tiě,从巾,意思与绢帛有关,本指写在帛上的标题书签,引申可指拓本、信函、便条等等。"发帖"是网络时代的一个新词,即在互联网上发表议论。"帖"即帖子。这是名词,应用"帖"不用贴。

曈：瞳瞳日／曈曈日

【病例】"千门万户瞳瞳日，总把新桃换旧符。"王安石《元日》中的这两句，堪称流传千古的名句。

【诊断】音同形似致误。

【辨析】"瞳瞳日"应为"曈曈日"。"曈"和"瞳"读音均为tóng。这两个字都是形声字，声旁相同，区别在形旁，一个是"日"，一个是"目"。日字旁的"曈"，让人联想到光线，说的是太阳刚升起时明亮的样子。"千门万户曈曈日，总把新桃换旧符"，意思是在除旧岁迎新年之际，人们总要在太阳刚出、日色将明之时，把挂在门边画有神像的桃木板换成新的。目字旁的"瞳"，则和眼睛有关。瞳，就是瞳孔、瞳仁。医学中的"散瞳"，化妆中的"美瞳"，都和瞳孔有关。

投：走头无路／走投无路

【病例】看到来的人多，梅花鹿慌了神，走头无路之际，它"扑通"一声跳进了湖中。

曈曈日

【诊断】音同致误。

【辨析】"走头无路"应为"走投无路"。"投"和"头"读音均为tóu。"走",奔走;"投",投靠。成语"走投无路",说的是四处奔走,八方投靠,依旧无路可走,形容已经陷入绝境。巴金《谈〈秋〉》:"我的继母给逼得走投无路,终于卖尽一切还清了大哥经手的债。"走、投是两个可以并列的动词,表示想尽一切办法。"走投"误作"走头",在语义上说不通,尽管也可以找到不少书证,有些辞书甚至把"走头无路"列为词条,但它是经不起推敲的。

涂:生灵屠炭/生灵涂炭

【病例】解放前,新旧军阀连年混战,弄得国无宁日,大地萧条,生灵屠炭。

【诊断】音同致误。

【辨析】"生灵屠炭"应为"生灵涂炭"。"涂"和"屠"读音均为tú。这条成语在《尚书》等古籍中,最初写作"民坠涂炭"或"陷泥坠火"之类,后来才逐渐形成"生灵涂炭"的约定俗成的写法。这里的"涂"指烂泥,"炭"指炭火,意思是老百姓陷在泥坑里,掉在火堆里,以此表示极其艰难的生存环境。"屠"指屠宰、屠杀,"屠炭"是说不通的。

荼：如火如荼/如火如茶

【病例】几万人的队伍，在秋后的田野上集结起来，一眼望去，波澜壮阔，如火如茶。

【诊断】形似致误。

【辨析】"如火如茶"应为"如火如荼"。"茶"字常用，音chá，是"茶叶"的"茶"，下面是木字，中间一竖下面带钩。"荼"字罕用，读tú，义为茅草上的白花。"如火如荼"是一种比喻性的用法。《国语·吴语》中有一段关于军队的描写："万人以为方阵，皆白裳、白旗、素甲、白羽之矰，望之如荼"；"左军亦如之，皆赤裳、赤旗、丹甲、朱羽之矰，望之如火"。后来，"如火如荼"便常用来形容一种热烈、盛大的场面。

籴：油籴花生/油氽花生

【病例】从前沪上百姓吃早饭，除了"四大金刚"外，用油籴花生、腐乳、酱瓜、皮蛋等小菜过泡饭，也是极盛行的。

小篆"籴"

【诊断】形似致误。

【辨析】"油汆花生"应为"油氽花生"。"汆"，音cuān，水的上面是个"入"字。最常见的用法，是指一种烹调方法，如"汆丸子""汆白肉"，把容易熟的食材放入开水锅里，水一翻花儿就捞起来。入水即熟，可见"汆"是以"入水"会意。"氽"，音tǔn，水的上面是个"人"字，同样是个会意字。人在水上，表示漂浮。如茅盾《三人行》中的句子："船的速度也减小，几乎像是在顺着水氽。"用油炸食物，食物也在油上漂浮，所以也引申指用油炸，如徐珂《清稗类钞》："猪肉皮略泡，入沸油氽之，至色黄皮松，乃起锅。""油氽花生"就是这个"氽"字。

佗：华陀/华佗

【病例】五禽戏通过模仿动物的动作和神态达到强身防病的目的，这种别具一格的疗法，相传是由我国古代著名医学家华陀整理的。

【诊断】音同形似致误。

【辨析】"华陀"应为"华佗"。"佗"和"陀"读音均为tuó。"佗"的本义指负荷，即负有重担或负载。古代"佗"同"驮"。《说文》中的解释是："佗，负何也。""佗"和"陀"读音虽相同，但这是两个不同的字，"华佗"名字中用的是"佗"。华佗是东汉末年

的著名的医学家。他一生行医,声誉卓著,在医学上有多方面的成就。他精通内、外、妇、儿、针灸各科,尤擅外科,被后人称为外科圣手、外科鼻祖。人名是具有标识性的符号,不能随意改变用字,更不能写成别字。

砣: 秤陀/秤砣

【病例】俗语云:"尿泡虽大无斤两,秤砣虽小压千斤。"千万别被表面现象迷惑。

【诊断】音同形似致误。

【辨析】"秤陀"应为"秤砣"。"砣",音tuó,本义为碾盘上的滚石,故其字为石字旁。引申可指成团、成块的物体,生活中常见的秤砣,即在称重时用来保持秤杆平衡的铁块。"陀"本义为险阻不平的坡地。多用于译音词,如梵语中的头陀,可作药用的植物曼陀罗等。儿童玩具"陀螺"形似海螺,多为木制,下面有铁尖,绳子缠绕后用力抽绳,使直立旋转。用作"盘陀",指曲折盘旋,如"盘陀路"。这些义项均

华佗

和衡器无关,"秤砣"的"砣"必须用"砣"。

骛: 好高鹜远/好高骛远

【病例】做任何事情,都必须脚踏实地,一步一个脚印。好高鹜远是成事的大敌。

【诊断】音同形似致误。

【辨析】"好高鹜远"应为"好高骛远"。"骛"和"鹜"读音均为wù。"骛"从马,《广韵·遇韵》:"骛,驰也,奔也,驱也。"本义指马的纵横奔驰,引申指追求、致力、从事,成语"好高骛远",用的便是本义。"鹜"从鸟,通常认为指野鸭子,唐代诗人王勃有"落霞与孤鹜齐飞"的名句;也有人认为指家鸭。"鹜"的特点,是喜欢成群结队,成语有"趋之若鹜",像鸭子一样一个接一个跑过去,比喻争相追求。向往奔向远处的是马,不是鸭子,"好高骛远"应该用"骛"。

蹊: 另辟溪径/另辟蹊径

【病例】这孩子的优点是肯动脑子,在别人畏难不前的时候,他能够另辟溪径,走出自己的路来。

【诊断】形似致误。

【辨析】"另辟溪径"应为"另辟蹊径"。"蹊",是个多音字,读qī时,一般和"跷"搭配,构成"蹊

跷"一词,义为奇怪,可疑。读xī时,义为小路,"另辟蹊径"就是在已有的路之外,另外辟出一条路来。这是一种创造精神。"溪"也读xī,义为山间水流,如杭州有"九溪十八涧"。

槢:炒木须/炒木槢

【病例】总算找到了一家乡间小店,点了一盘炒木须,又来了一个杂烩汤,几个人便狼吞虎咽起来。

【诊断】词义误解致误。

【辨析】"炒木须"应为"炒木槢"。"槢",音xī,"木槢"指一种开黄色小花、有特殊香气的植物,即我们通常所称的桂花。所谓"炒木槢",其实就是"炒蛋",因搅碎的鸡蛋做成的菜,形如黄色的桂花,故名。这一菜名和社会习俗有关,北方人讳言"蛋","炒蛋"是一句骂人的话,便雅化成了"炒木槢"。人们因不了解这一菜名背后的文化背景,以讹传讹写成了莫名其妙的"炒木须"。

木槢花

徙：迁徙/迁徒

【病例】鸟类的迁徒，不是一种被动的逃避行为，而是一种主动的、看上去像有周密计划的旅行。

【诊断】形似致误。

【辨析】"迁徒"应为"迁徙"。徒、徙皆为双人旁，说明和行走有关。"徒"，音tú，《说文》的解释是："步行也。"步行无所凭借，引申指空的，如徒手搏斗；又引申指白白的，如徒劳无益。"徙"，音xǐ，会意字。甲骨文从彳从步，表示两只脚在路上走动；篆书变成从辵从止，后隶化为徙。《说文》的解释是："迻也。""迻"同移，即迁移的意思。"迁徙"是同义语素联合成词，历来没有"迁徒"的说法。

瑕：洁白无暇/洁白无瑕

【病例】白色，给人一种清新的、洁白无暇的感觉，所以大部分的女性喜欢白色手机。

【诊断】音同形似致误。

【辨析】"洁白无暇"应为"洁白无瑕"。"暇"和"瑕"的读音均为xiá。"瑕"的形符是玉，《说文》的解释是："玉小赤也。"其本义是指带有赤色的玉石，后转指玉上的斑点。由玉上的斑点又比喻人或物的缺陷，如"白璧微瑕""瑕不掩瑜"。"暇"的形符是日，《说文》的解释是："闲也。"即空闲。"洁白无

瑕"说的是玉石上没有任何斑点,形容人的纯洁或物的纯净。"无瑕"是没有瑕疵,写成"无暇"则成了没有时间。

袄：袄教/袄教

【病例】山西省介休市的北关顺城街上,有一座宗教建筑,据考是为袄教所建的用于祭祀的场所。

【诊断】形似致误。

【辨析】"袄教"应为"袄教"。"袄",音xiān。形旁是"示",声旁是"天"。"示",从古文字形看,形如祭祀时的祭台,文字中凡是和鬼神、祭祀等有关的字,一般都以"示"为形旁,如祀、社、祖等。"袄",是我国古代西域所罗亚斯德教(因其以火为善神的代表,俗称拜火教,也称袄教)信奉的天神。"袄",音ǎo。繁体字本写作"襖",衣旁奥声,与"袄"大相径庭;但现在声旁简化为"夭"写作"袄"以后,与"袄"就变得十分接近了。"袄"以衣为形旁,指的是用料两层以上的夹袄、棉袄、皮袄之类服装。

袄庙

"祆"还容易误为"祅",这个"祅"字其实是"妖"的异体字。"祆"的声符是"天",而"祅"的声符是"夭"。

向：响往/向往

【病例】孩子们的作文尽管幼稚,但很真诚。他们响往着长大后像解放军叔叔那样保家卫国。

【诊断】音近致误。

【辨析】"响往"应为"向往"。"向"是个会意字,从宀(mián)从口。"宀"表示房屋,甲骨文中像屋墙,"口"像窗户之形。本义指朝北开的窗户。引申为朝着、面对,如向壁虚构、向隅而泣。"向往"是个常用词,指思慕,理想,追求,和方向有关。

"响"是个形声字,本义指回声,引申泛指声音。汉语中没有"响往"的说法。"向往"误为"响往",还和繁体字的形似有关。"向"也可写作"嚮",而"响"的繁体字是"響",嚮、響字形有相似处,把"向导"写成"响导"、"向往"写成"响往",也就成了常有的事。

宵：肖小/宵小

【病例】对于那些肖小之徒,只有用法律来制裁他。

【诊断】音同义混致误。

【辨析】"肖小"应为"宵小"。"宵"和"肖"

读音均为xiāo。"宵",指夜里。所谓"宵小",本义指盗贼,这类人昼伏夜出,故称"宵小"——在夜里干坏事的小人;现在可泛指坏人、小人。"肖",是个会意字,上面是"小",下面是"肉",本义为肉之小者,即切得很细的肉丁。物之小者不易辨别,由此引申出相似的意思,如"神情毕肖""惟妙惟肖",不含贬义,也和夜晚无关。

萧:肖山/萧山

【病例】车过肖山时,导游又停留半个小时,让大家采购当地名产萝卜干。

【诊断】繁简误认致误。

【辨析】"肖山"应为"萧山"。"肖"为"萧"的俗字,二简字又把它定为"萧"的简化字,二简字虽已废除,但其影响依旧存在,仍有人认定"肖"是"萧"的简化字,结果常把"萧山"误为"肖山","萧"姓写成"肖"姓。浙江萧山一名始于公元742

萧 山

年唐天宝年间。据史书记载，越王勾践被吴王夫差打败后，退守于一大山中，四顾萧然，便把此山命名为萧然山。"萧山"因萧然山而得名。此"萧"是秋风萧瑟的"萧"，当然不能写成不肖子孙的"肖"。

霄：九宵/九霄

【病例】一到球场上，李云顿时生龙活虎，早已把烦恼抛到了九宵云外。

【诊断】音同形似致误。

【辨析】"九宵"应为"九霄"。"霄"和"宵"读音均为xiāo。"霄"，从雨肖声。《说文》的解释是："雨霰为霄。""霄"即霰（xiàn），一种落地即化的小冰粒。这是"霄"的本义。又引申指云，指天，如云霄、重霄。"宵"，《说文》的解释是："夜也。"如成语"通宵达旦"。"宀"表深屋，有晦暗义，突出夜色浓重。"九霄"即九天，极言天高处，所谓九霄云外。写作"九宵"，成了九个晚上。

邪：歪门斜道/歪门邪道

【病例】我们要想办法，让大家都富起来，但前提是决不能搞歪门斜道。

【诊断】音同义混致误。

【辨析】"歪门斜道"应为"歪门邪道"。"邪"

和"斜"读音均为xié。这两个字都有不正义,在历史上"斜"可通"邪",但现在已分开使用。它们的区别主要在于:"邪"多指抽象的行为、观念、思想、风气,如邪说、邪气、邪教、邪道;"斜"多指具象的方向或位置,如斜坡、斜阳、斜塔、斜桥。成语"歪门邪道"是一种比喻的说法,指的是不正当的途径,含有明显的贬义,并不是指具体的、歪斜的道路,所以不能用"斜"。

泻:上吐下泄/上吐下泻

【病例】吃了老邱带来的隔夜剩菜,小胡上吐下泄,差点虚脱了。

【诊断】音同义混致误。

【辨析】"上吐下泄"应为"上吐下泻"。"泄"是个多音字,读音为yì时,为古水名,故其字从水。读音为xiè时,有疏理水道义,引申指液体或气体从封闭的环境中溢出。其中有的是主动行为,如开闸泄洪;有的是无意为之,如锅炉泄气。"泻"则是水流的快速

小篆"霄"

流动，可以是高处的直泻而下，也可以是平地的一泻千里。"上吐下泻"是倾泻而不是泄漏，故应用"泻"。

荥：荣阳/荥阳

【病例】一行人到达荣阳时，正是中午时分，匆匆吃了点午饭，便驱车去看鸿沟古迹。

【诊断】形似致误。

【辨析】"荣阳"应为"荥阳"。"荥"下面是"水"不是"木"。中国地名中的阳、阴，往往和山、水有关。凡位于山的南面、水的北面，因面向太阳，故称阳；凡位于山的北面、水的南面，因背向太阳，故称阴。荥阳也不例外。荥阳市，故治在古荥阳镇西南，据《太平寰宇》卷九记载，荥阳"取名于荥泽"，因其位于荥泽之北，故名。

形：外型/外形

【病例】这一设计在产品外型上作了重大改变，更符合现代人的审美观念，增强了市场竞争力。

【诊断】音同义混致误。

【辨析】"外型"应为"外形"。"形"，指的是个体物体的具体的形状，如"兵无常势，水无常形"。"型"，本义为制造器物的模子，引申指类型，即许多事物共同的特征。"外形"为物体的外部形态，不存在归类的问题，故应写作"外形"。

省：反醒/反省

【病例】健康人格的形成，少不了外在的影响与主体实践，更少不了主体的自我反醒与修炼。

【诊断】音同义混致误。

【辨析】"反醒"应为"反省"。"省"，音xǐng，本义是"察看"，故其字下面是个"目"字。现在人们还常用的"省察""省视"等词中的"省"就是此义。引申指"看望（长辈）"，如"省亲"。也引申指"检查"，"内省"即在心里进行自我检查。还可进一步引申指"明白""觉悟"。在古汉语中，"省"还可假借指"皇宫禁署""禁中"，读shěng。进一步用作行政区划名，现代的浙江省、江苏省的"省"即来源于此。此"省"还可表示"减少""节约"等等意思。"醒"，读xǐng，本义是"酒醉后恢复常态"。引申指"睡眠状态结束或尚未入睡"。也引申指"由昏迷变为清醒"。进一步

甲骨文"省"

引申指"觉悟""明白"等等。"反省"意思是检查自己的思想行为,其"省"是"检查"之义,应用"省"而不用"醒"。

宣:渲泄/宣泄

【例句】情绪不佳要渲泄,如不能奏效,干脆痛哭一场。哭是渲泄情绪的一种好方法。

【诊断】音近致误。

【辨析】"渲泄"应为"宣泄"。"宣",《说文》的解释是:"天子宣室也。"段玉裁注"宣室"即"大室"。后引申指广、大,或使之广、使之大。宣布、宣扬、宣传,都是通过"宣"让有关思想、知识或信息得到传播、散发,从而扩大影响;宣泄则是通过"宣"让情绪从里向外吐露、发泄,以达到精神调节的目的。"渲"即渲染,中国画技法的一种,指用水墨或颜色加以烘染,以增添作品的质感,和情绪无关。

暄:寒喧/寒暄

【病例】一天,英王乔治六世拜访萧伯纳,因兴趣爱好和文化修养不同,两人寒喧之后很快沉默无言。

【诊断】音同形似致误。

【辨析】"寒喧"应为"寒暄"。"暄"和"喧"读音均为xuān,声符相同——"宣",但形符不同。

"暄"字从日，字义和热量有关，指温暖。"喧"字从口，字义和声音有关，指喧闹。"寒暄"指一种礼貌行为，即见面时嘘寒问暖的意思。"寒暄"是一正一反两个语素联合构成的词，和"动静""好歹""出入""咸淡"的构词方式一样。"寒冷"的寒和"喧闹"的喧，无法搭配。

旋：弦律/旋律

【病例】绿树婆娑，琴声悠扬，整个岛上荡漾着优美的弦律，让人如临仙境。

【诊断】音近义混致误。

【辨析】"弦律"应为"旋律"。"旋"，音xuán，义为转动、盘绕。"弦"，音xián，指乐器上用以发音的丝线、铜丝或者钢丝。所谓"旋律"，其实就是通常说的曲调。它是若干乐音在某一特定的音乐构思中，通过时值长短的变化和音符高低的交替而有组织地表现出来的。这种乐音的组合，具有回旋反复的特点，故名旋律。"弦"只和

二 胡

弦乐器有关，除了弦乐器，还有管乐器、打击乐器、键盘乐器等等，弦律是无法代替旋律的。

炫：眩耀/炫耀

【病例】春天的杨柳就像一个爱美的姑娘，在清风的荡漾下，时时眩耀着身姿的婀娜。

【诊断】音同形似致误。

【辨析】"眩耀"应为"炫耀"。"炫"和"眩"读音均为xuàn。"炫"，火字旁，同光亮有关，指强烈的光线晃人眼睛，引申可指向别人夸耀、显摆，多含贬义。"眩"，目字旁，同眼睛有关，指眼睛昏花，如"头晕目眩"。这两个字的区别在于：炫是因，眩是果。因为炫，所以眩。已经"眩"还怎么"耀"？显然是说不通的。

雪：报仇血恨/报仇雪恨

【病例】在他幼小的心灵里，种下了一颗报仇血恨的种子，随着他一天天长大，这颗种子也在生根发芽。

【诊断】音近义混致误。

【辨析】"报仇血恨"应为"报仇雪恨"。"雪"在这里有洗刷的意思。这种用法和"雪"的洁白的形象有关。"报仇"和"雪恨"都是动宾结构，所谓"雪恨"就是洗刷一切仇恨，恢复雪一般的洁白形象。可见，

"雪"是动词。而"血"是名词,"血恨"和"报仇"是无法对应的。

询:欧阳洵/欧阳询

【病例】在历代书家中,他最推崇的是欧阳洵,欣赏他的于平正中见奇绝的风格。

【诊断】音同形似致误。

【辨析】"欧阳洵"应为"欧阳询"。欧阳询为唐代大书法家,师承王羲之、王献之而自成一格,与虞世南、褚遂良、薛稷并称"初唐四家"。他的字取法高古,平中见奇,人称"欧体",对后世影响甚大。"询"义为询问,和言语有关,故其字为言字旁,"洵"为古水名,故其字为三点水旁。汉字简化以后,言字旁和三点水旁十分相似,正因为此,"欧阳询"误为"欧阳洵"成了一个常见错误。

徇:徇私/徇私

【病例】在案件的审理中,他徇私舞弊,竟为一个抢劫犯开脱罪责,引起

欧 体

了极大的民愤。

【诊断】音近义混所致。

【辨析】"循私"应为"徇私"。"徇",音xùn,义为无原则地顺从,"徇私"指为了顺从私情而放弃原则,做不合法的事。"循",音xún,义为遵守、依照或沿袭,如因循、遵循、循名责实、循规蹈矩。"徇"与"循"都有"从"的意思,但这两个"从"是有本质区别的。"徇"是"曲从",而"循"是"顺从"。抓住这一本质区别,许多问题都会迎刃而解。

鸦:信手涂鸭/信手涂鸦

【病例】每次开会,他总是躲在后面,在一本小簿子上信手涂鸭,画出一些奇形怪状的人物。

【诊断】音同致误。

【辨析】"信手涂鸭"应为"信手涂鸦"。"涂鸦"一词,出自唐代诗人卢仝的《添丁诗》。卢仝有一子,调皮而聪明,常用蘸了墨水的笔在书本上随意涂抹。卢仝在诗中写道:"忽来案上翻墨汁,涂抹诗书如老鸦。"后来便用"涂鸦"指乱涂乱画。引申用作谦词,表示字或者画技法稚拙,水平不高,如称自己的作品是"涂鸦之作"。用"鸦"而不是"鸭",一是因为墨汁是黑色的,和"鸦"有相似之处;二是因为"鸦"的形象不佳,黑漆一团,容易想到信手涂抹。

檐:帽沿/帽檐

【病例】丢了工作后,小周找了份送外卖的活,他感到很丢人,就用帽沿遮住脸,免得被人认出来。

【诊断】音同义混致误。

【辨析】"帽沿"应为"帽檐"。"檐"和"沿"读音均为yán。"檐",指屋顶向周围伸出的部分,具有遮蔽的功能,如躲在屋檐下避雨。引申可指物体类似屋檐的部分,"帽檐"便是一例。"沿"作名词用时,指物体的边,如床沿、炕沿。"帽沿"一词可以成立,但所指和"帽檐"不是一回事。可以用来遮脸的,只能是"帽檐",不是"帽沿"。

赝:膺品/赝品

【病例】灯光下面,人头攒动。这条街上陈列的,其实大都是膺品,但还是热闹非凡。

【诊断】形似致误。

【辨析】"膺品"应为"赝品"。"膺"和"赝"皆为形声字。"赝",

帽 子

音yàn，最初写作"焑"，形符为火，本义指火色。古代陶器以火色别优劣，弄虚作假者往往通过改变火色以次充好，故"焑"引申指伪造的东西。后来从"火"改为从"贝"，字义不变。"膺"，音yīng，形符为月（肉），其本义指胸，如"义愤填膺"。李白《蜀道难》诗中，有"扪参历井仰胁息，以手抚膺坐长叹"的名句。从"月"的"膺"和肉体有关，从"贝"的"赝"和价值有关，这是识别膺、赝的关键。

杨：水性扬花/水性杨花

【病例】在男权社会里，女人总被视为水性扬花，遭到了有色眼镜的排斥。

【诊断】音同形似致误。

【辨析】"水性扬花"应为"水性杨花"。"杨"和"扬"读音均为yáng。"杨"，木字旁，名词，指杨树；"扬"，提手旁，动词，义为举起、升起、风吹使飘、往上抛撒等。"水性杨花"意思是像水一样流动不定，像杨花一样随风飘动，喻女子作风轻浮、朝三暮四。既然是以杨花作比，自然应写成"水性杨花"。

遥：摇控/遥控

【病例】无线摇控技术，在工业控制、航空航天、家电等领域，得到了广泛的应用。

【诊断】音同义混致误。

【辨析】"摇控"应为"遥控"。"遥"和"摇"读音均为yáo。"遥",有远的意思。所谓"遥控",就是通过有线或无线电装置操纵,控制一定距离以外的机器、仪表。这个"遥"字是指距离,不是动作。

杳:沓无音信/杳无音信

【病例】前不久,总算熬到了省里来了调令,但是到了地方,又是几个月沓无音信。

【诊断】形似致误。

【辨析】"沓无音信"应为"杳无音信"。"杳",音yǎo,会意字。上木下日,表示太阳在大树下。这个大树,应该不是一般的树,古代学者分析是传说中的神树扶桑。太阳落到树底下,会意幽暗、深幽。引申指深邃、广远,看不到尽头,见不到踪影。如杳无音信、杳如黄鹤。"沓",音tà,会意字。上水下曰,不是日。曰是说话,话多得像滔滔流水,表示废话连篇。引申指重

杨 花

复、纷乱、繁多,如纷至沓来、杂沓。又引申指松懈、拖拉、不麻利,如拖沓。又作量词,读dá。用于叠起来的纸张或其他薄片状的东西,如一沓照片、一沓报纸。

揖:开门楫盗/开门揖盗

【病例】对于这种人,如果一味强调仁慈,岂不是成了开门楫盗吗?

【诊断】形似致误。

【辨析】"开门楫盗"应为"开门揖盗"。"揖",提手旁,音yī,动词,指用两手抱拳、置于胸前的方式行礼,如"打拱作揖"。成语"开门揖盗"见于《三国志·吴主传》,有人对孙权说:现在是奸宄竞逐,豺狼满道,"乃欲哀亲戚,顾礼制,是犹开门而揖盗,未可以为仁也"。后来便用"开门揖盗"比喻引进坏人,招致祸患。"楫",木字旁,音jí,名词,指一种划船短桨,"舟楫"一词,通常都是指代船只。"中流击楫"便是一个非常有名的典故,说的便是划船。

已:不能自己/不能自已

【病例】三年的汗水,终于有了回报。站在领奖台上,她兴奋得不能自己,泪水刷刷地流了下来。

【诊断】形似致误。

【辨析】"不能自己"应为"不能自已"。己、已二

字,一个不封口,一个半封口,另外还有一个"巳"字全封口,这三个字在字形上十分相近,应注意辨别。"己"即自身,在现代汉语中,"自己"是一个常用词。不封口的"己"是名词,而半封口的"已"却可用作动词,指停止。《广韵·止韵》:"已,止也。"《三国志》说诸葛亮鞠躬尽瘁,"死而后已",就是到死才能停止。"兴奋得不能自已",是指自己不能控制自己,无法让激动的情绪平静下来。从语法角度来说,名词"自己"的前面,是不能用"不能"来修饰的。

倚:依马可待/倚马可待

【病例】小马可是我们公司的"一支笔",几千字的报告,上万字的总结,只要把任务交给他,依马可待。

【诊断】音近义混致误。

【辨析】"依马可待"应为"倚马可待"。"依",音yī;"倚",音yǐ。《说文》中两字互训:在解释"依"字时,说"依,倚也";在解释"倚"字时,又说"倚,依也"。

倚马可待

两个字的本义几无二致,但在实际使用中,还是有微妙的区别的。"依"偏向于挨着,间距很小,如"依山傍水""白日依山尽";"倚"偏向于靠着,往前为"凭",往后或往两边则为"倚",如"倚着东门""倚着树干"。"倚马可待"说的是晋代的袁虎,恒温领兵北征时,命令袁虎起草公文,袁虎靠着马背,手不停挥地写下了七张纸,而且写得文从字顺。后世便用"倚马千言""倚马可待",形容文思敏捷。此处的"倚"是靠着,理应用"倚"。

异:意想天开/异想天开

【病例】小光不久要做新郎,有人建议他去火星上举行婚礼,简直是意想天开。

【诊断】音同致误。

【辨析】"意想天开"应为"异想天开"。"异"和"意"读音均为yì。"异想"即离奇的想法。所谓"天开",有两种不同的说法:一种认为"天开"即天开裂,这是不可能发生的事;一种认为"天开"指天外,即"异想"的来处,来自天外的想法自然非比寻常。不管哪一种说法,都证明是"异想"不是"意想"。"异想天开"形容想法离奇荒诞,几乎没有实现的可能。误写成"意想",可能是受到了读音的影响而联想到了"意想不到"之类的用法。

抑：亦或/抑或

【病例】假使胸脊柱向后弯曲超出了常态，亦或颈或腰脊柱反常地向后凸出，这样便成了驼背了。

【诊断】音同致误。

【辨析】"亦或"应为"抑或"。"抑"，本义是"按""按压"。引申指抑制、控制、压制等。如"抑强扶弱"即压制强暴、辅助弱小；"抑志"即压制自己的志向。还引申指低沉、冤屈、贬损等等。也假借作连词，表示选择关系，相当于"还是"。由于"或"也是一个表示选择关系的连词，所以清代开始，"抑""或"连用而成"抑或"一词。现代汉语中，"抑或"是个常用连词，用在两项的中间，或用在多项的最后两项的中间，表示从中选择一项。"亦"，本义指"人的腋窝"。后假借作副词，表示同样，相当于"也""也是"，这是现代汉语中"亦"的基本义。但"亦"不表示选择关系，不能与"或"组成表示选择关系的连词。

甲骨文"亦"

绎：演译/演绎

【病例】小提琴协奏曲《梁山伯与祝英台》，以优美的旋律和精湛的技法，演译了一段中国古代的凄婉的爱情故事。

【诊断】音同形似致误。

【辨析】"演译"应为"演绎"。"绎"和"译"读音均为yì。"绎"的本义为抽丝，即从一团丝中理出头绪，故其字为绞丝旁。引申可指思索、分析。所谓"演绎"，本为逻辑学用语，指一种推理方法；用作一般词语时，可泛指铺陈或展现。"译"，从言，和语言有关。《说文》的解释是："传译四夷之言者。"本义为翻译，把一种语言文字转换成另一种语言文字，或把有关的符号、数码转换为语言文字。古籍中偶有把"演绎"写作"演译"者，但不是规范的写法。

诣：苦心孤脂/苦心孤诣

【病例】他在数学领域苦心孤脂钻研十年，如今已颇有建树。

【诊断】形似致误。

【辨析】"苦心孤脂"应为"苦心孤诣"。"苦心"，吃尽辛苦，费尽心血，极言努力的程度；"孤诣"，达到了别人所达不到的境界。这里关键是要正确理解"诣"字。"诣"，音yì，本义为拜访，引申泛

指前往某地。"孤诣"即到了别人所没到过的地方,由此可见学问之深。"脂",音zhī,指膏脂一类物质。古人分得很细,动物有角者称脂,无角者称膏。后来也可泛指动植物所含的油质。

弈:奕棋/弈棋

【病例】位于苏州虎丘山上的二仙亭,相传因古代仙人吕洞宾和陈抟曾在此奕棋而得名。

【诊断】音同形似致误。

【辨析】"奕棋"应为"弈棋"。"弈"和"奕"读音均为yì。"弈",本义是围棋,如博弈、弈局、弈谱等。弈下面的形符为相对的两只手,表明了围棋"手谈"的特征。由名词义后引出动词义,"弈"也指下棋。如欧阳修的《醉翁亭记》里有"射者中,弈者胜"的句子,句中的"弈者"就是下棋者。"奕",下面的形符是"大",这也是"奕"的本义:高大。山高大显得盛美,房高大显得明亮,人高大显得精神,所以我们常用"奕奕"形容人的精

弈棋

神焕发。神采只说"奕奕",不说"弈弈"。"弈棋"当然也不能写成"奕棋"。

肄：肄业/肆业

【病例】由于家庭的突然变故,小金大学读了两年便肆业,回家挑起了生活的重担。

【诊断】形似致误。

【辨析】"肆业"应为"肄业"。"肄",音yì,本义为学习;"肄业"指没有达到毕业年限或程度而离校停学。"肆",读sì,字形和"肄"相近,只是左边不同。这是"肆"的同源字,本义和陈祭有关,引申指摆设。店铺以摆设为特征,故可称肆,如"酒肆"。"肆"较常用,"肄"字少用,所以"肄业"常会误写作"肆业"。由摆设又引出放纵义,故可用作形容词,如肆意妄为、肆无忌惮。在汉字历史上,"肆"可通"肄",但今天已不可以,"肄业"不能写作"肆业"。

喑：万马齐喑/万马齐暗

【病例】思想解放的闸门一经打开,文艺界万马齐暗的局面立即改观,显现出了空前活跃的局面。

【诊断】形似致误。

【辨析】"万马齐暗"应为"万马齐喑"。"喑"是一个形声兼会意字,音yīn,本义是小儿哭泣,故其字从

口;"音"兼有表义作用,指哭泣发出的声音。哭泣时间过长则会导致哽咽,直至发不出声,故"喑"又有哑的意思。"万马齐喑"典出苏轼的《三马图赞引》,说的是从西域引进神马,昂首一叫,万马齐喑。后以"万马齐喑"表示沉默不语,不敢发表自己的观点,以此形容环境的压抑。"暗",音àn,和光线有关,故其字从日。"喑"和声音有关,"暗"和"明"相对,本义指光线的微弱。

印:心心相映/心心相印

【病例】一个眼神,一朵浅浅的笑靥儿,或者那尽在不言中的心心相映,无论多少年都不会忘却,那是印在心上的。

【诊断】音近义混致误。

【辨析】"心心相映"应为"心心相印"。"印",是"抑"的本字,本义是"压抑"。后来另创一"抑"字表示"压抑"义,"印"则假借表示执政者的印信、印章。引申指"痕迹",如

九州生气恃风雷,
万马齐喑究可哀。
我劝天公重抖擞,
不拘一格降人才。
清·龚自珍
《己亥杂诗》220篇

烙印、脚印等等。进一步引申指"留下痕迹"。还可指"把文字、图像等留在纸上、布上或其他器物上",如印刷、排印等等。"映",本义是"照"。如阳光映照大地。因光线照射而显示出物体的形象,也称"映"。由于照出的"影子"或"形象",总是与原来的物体一起出现,能对原物起到突出、衬托作用,所以"映"又引申出突出、衬托义。如相映生辉、相映成趣等。"心心相印"本是佛教用语,指不用通过言语,便能做到心意契合。"相印"是用印符做比喻,表示思想感情高度一致,所以只能用"印",不能用"映"。

颍:临颍/临颖

【病例】一到临颖境内,导游就告诉我们,这里的隋代石拱桥,比赵州桥的历史还要古老。

【诊断】音同形似致误。

【辨析】"临颖"应为"临颍"。"颍"和"颖"的读音均为yǐng。"颍",左下角的形符是水。本义是水名,即颍河,发源于河南,流至安徽入淮河。"颍"是专为颍河创造出来的字。临颍因濒临颍河而得名。"颖",左下角的形符是"禾"。本义指禾穗的末端,借指带芒的禾穗。由禾穗的尖端引申泛指物体的尖端,如锋颖。又引申指毛笔头,如短颖羊毫、竹管兔颖。由尖端又引申指才能出众、聪明,如聪颖、颖悟、颖慧

等。中国地名中不少有"颍"的字,如颍上、颍州、颍阴、颍阳、颍川等,皆和颍河有关,"颍"均不能写作"颖"。

尤:怨天忧人/怨天尤人

【例句】即使受到不公平的待遇,也不要怨天忧人。成天泡在个人情绪里唉声叹气,只会让自己更消沉。

【诊断】音近义混致误。

【辨析】"怨天忧人"应为"怨天尤人"。"尤",音yóu,有归罪、怨恨、指责义。《论语·宪问》:"不怨天,不尤人,下学而上达。"《孟子·公孙丑下》作:"君子不怨天,不尤人。"《礼记·中庸》:"上不怨天,下不尤人。"由此可见,在中国传统文化中,不怨天,不尤人是君子立身处世的道德标准。"忧",音yōu,指忧虑、担心。"尤人"是责怪别人,"忧人"是担心别人。这是两种完全不同的情绪状态。

颍河

犹：过尤不及/过犹不及

【病例】凡事皆有度。"过度"，则可能欲速则不达。这就是古人说的过尤不及的道理。

【诊断】音同致误。

【辨析】"过尤不及"应为"过犹不及"。"犹"和"尤"读音皆为yóu，读音相同，但用法迥异。"尤"为指事字，在甲骨文、金文中，从又从一，指手上生出的赘物，此义后写作"疣"。由此分两条线引申，一条线指过失、责怪，如效尤、怨尤；一条线指特异的、突出的，如"无耻之尤"。又引申为副词，义为更加、格外，如欧阳修《醉翁亭记》中的名句："其西南诸峰，林壑尤美。""犹"繁体字写作"猶"，指一种猿类动物；后假借为动词，义为如同，并可用作副词，义为尚且、还。"过犹不及"即过分如同不及，两者的结果是一样的。"犹"是如同的意思，自应用"犹"。

盂：盂兰盆会/盂兰盆会

【病例】这天正是农历七月十五日，庙里举行盂兰盆会，相传这是一种超度祖先亡灵的仪式。

【诊断】形似致误。

【辨析】"盂兰盆会"应为"盂兰盆会"。"盂"和"盂"的区别是在上半部分。"盂"上面是"于"，关于的"于"；"盂"上面是"子"，儿子的"子"。

两字下面虽然都是"皿"字,但表达的意思是不一样的。"盂"是个形声字,下面的形符是器皿的"皿",表示属碗碟盆盘一类的器具。这是一种敞口的容器,可以用来装水,可以用来盛饭,僧人用的碗就叫钵盂。"孟"是个会意字,下面的"皿"是洗澡的盆,"子"是刚出生的小孩,正在盆里洗澡。其本义为头生子。由此引申出了第一、开始的意思,如排行孟仲叔季,"孟"便代表老大。

竽:滥芋充数/滥竽充数

【病例】自从钢琴热掀起后,钢琴教师身价倍增,一批"三脚猫"也混迹其中,滥芋充数。

【诊断】形似致误。

【辨析】"滥芋充数"应为"滥竽充数"。"竽",音yú,一种古乐器,类似于现在的笙,多用竹管制成,故其字为竹字头。"芋",音yù,指一种多年生草本植物,其地下茎富含淀粉,即日常食用的芋头,故其字为草字头。

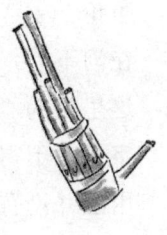

竽

成语"滥竽充数"见于《韩非子》，说的是一位南郭先生，本不擅长吹竽，也装模作样成了皇家乐队里的演奏员，比喻没有真才实学的人混在行家里面充数。南郭先生吹的是"竽"而不是"芋"，芋头是只能食用而不能吹奏的。

渔：竭泽而鱼/竭泽而渔

【病例】环保需要战略眼光，要为子孙后代着想。没有战略眼光，势必会竭泽而鱼，拼命捞取眼前的政绩而忘了民族的未来。

【诊断】音同义混致误。

【辨析】"竭泽而鱼"应为"竭泽而渔"。"鱼"和"渔"的读音均为yú。"鱼"是象形字，指生活在水中的脊椎动物；"渔"是形声字，指捕捞水产品。传统京剧中有一出戏：《打渔杀家》。其中的"渔"字历来有三点水，有人指出是一个别字。在一次戏曲会演的节目单上，"打渔"被改成了"打鱼"，结果引起了一场争论。主"鱼"派认为，剧本里明明说的是"父女打鱼在河下"，当然应该是"打鱼"；主"渔"派则认为，这里说的"打渔"，是渔霸殴打渔民萧恩父女，"渔"字是改不得的。争论双方虽然各执一词，但对鱼、渔的用法并没有分歧。"鱼"是名词，"渔"是动词。所谓

"竭泽而渔"是排尽河流或池塘中的水捕鱼,比喻一种只顾眼前、不顾长远的短视行为,当然不能写成"竭泽而鱼"。

圆:园圈/圆圈

【病例】人们欢呼一声,一齐向前拥去,围成了一个园圈,等待着厂长发布惊人的消息。

【诊断】简繁误认致误。

【辨析】"园圈"应为"圆圈"。"园"的繁体字为"園",本义为果园,即种植果树的园地,如桃园、李园;后来泛指种植果木、花草、蔬菜的场所。"园"往往外加围栏,故其字外形为方框。"圆"的繁体字为"圓",义为一种形体,和"方"相对应,即从圆心到四周相等的平面或立体。中间的"员"是类推简化的产物。"园"和"圆"本是两个不同的简化字,却常有人误以为两者是简繁体的关系,把"圆满"写成"园满","圆润"写成"园润"。这显然是一种想当然的苟简。

连环画《打渔杀家》

源：世外桃园／世外桃源

【病例】阳光穿射而入，配着店堂排列得整整齐齐的书架，真是一个书香花香阳光普照的世外桃园。

【诊断】音同致误。

【辨析】"世外桃园"应为"世外桃源"。"园""源"读音均为yuán，但一个是"公园"的园，一个是"水源"的源，字义迥然有别。"桃源"其实是"桃花源"的简称，典出陶渊明的千古名作《桃花源记》。"桃花源"本是水源，其名因"夹岸数百步"的"桃花林"而来。这是作者虚构的一个丰衣足食、和谐安宁的美好世界。"桃源"误作"桃园"，"理想国"便成了种植桃树的园林，大大减弱了词语的典故色彩。记住词语的出处，也许有助于避免差错。

源：左右逢缘／左右逢源

【病例】无论是在科室里还是在朋友圈里，老杜都是个左右逢缘、应付自如的人，难怪大伙儿都说他情商特别高。

【诊断】音同义混致误。

【辨析】"左右逢缘"应为"左右逢源"。"缘"和"源"读音均为yuán。"缘"本义为衣服的边饰，引申可泛指边，如边缘、地缘。因边可和外界交接，又引申出缘分义。而"源"本义为水源、源头。"左右逢源"

出自《孟子·离娄下》。孟子认为，君子深造，一定要自己有所得。"自得之，则居之安；居之安，则资之深；资之深，则取其左右逢其源。"只有自己学问扎实，才能运用自如，犹如左右逢源自能取之不尽，用之不竭。后多用来比喻做事得心应手，怎么做都能做得顺利圆满。这和"缘分"不是一回事。

云：子曰诗雲/子曰诗云

【病例】在我们公司里，小张是读书读得最多的人，但他经常"子曰诗雲"，让人觉得碰到了孔乙己。

【诊断】简繁不对应致误。

【辨析】"子曰诗雲"应为"子曰诗云"。"雲"和"云"是一组古今字。"云"的本义是天上的云彩，漂浮在空中的凝结的水蒸气。后因"云"多被借作"曰"，故在"云"上添加雨字头，从此"雲"专指云彩，而"云"则表示述说，如"古人云""人云亦云"等。"云云"连用，可表示省略，相当于如此如此、这般这般，如"装

陶渊明

嫩卖萌云云，难以尽述"。现在"云"又成为"雲"的简化字，"雲彩"也写作了"云彩"。但表示述说义的"云"，即使用繁体字书写，仍必须写作"云"，不能画蛇添足地写作"雲"。

陨：殒落/陨落

【病例】夏夜里，坐在大槐树下，和奶奶一起看星星。每当看到流星殒落时，我心中会升起莫名的惆怅。

【诊断】音同义混致误。

【辨析】"殒落"应为"陨落"。"殒"和"陨"的读音均为yǔn，古代常可通用，现代汉语中已明确分工。"陨"的形符为左耳旁，单独用时写作"阜"，读音为fù。古人穴居，"阜"本是上下攀登可供踩脚的地方，故引申可指升降；"陨"的本义即从高空落下，如"陨石""陨星"。"殒"的形符是"歹"，这是残骨的形象；"殒"本义指死亡，如"殒灭""殒命"。"陨落"强调的是自上而下，理应用"陨"。

赃：脏款/赃款

【病例】在调查过程中，陈又将大批脏款转移至岳父处，专案组找他谈话时，他依旧装得若无其事。

【诊断】音同形似致误。

【辨析】"脏款"应为"赃款"。赃、脏均为简

化字。"赃"的繁体字写作"贓",从贝,藏声,藏亦表义,表示藏纳。《正字通·贝部》对"赃"的解释很明确:"赃,盗所取物,凡非理所得财贿皆曰赃。"本义指"盗"所窃取的财物,引申指一切"非理所得"的"财贿"。"赃款"即通过非法手段牟取的钱财。"脏"对应的繁体字有二:一为"内臟"的"臟",一为"骯髒"的"髒"。前者无法和"款"搭配,从来没有"臟款"一说;后者只是指卫生意义上的不干净,也无法揭示"赃款"的特殊性质。

躁:急燥/急躁

【病例】遇事不冷静,一跳八丈高,这种急燥脾气,往往成事不足,败事有余。

【诊断】音同形似致误。

【辨析】"急燥"应为"急躁"。"燥",火字旁,火表示干燥、缺水分,如杜甫诗"唇干口燥呼不得,归来倚杖自叹息"。其中"燥"用的便

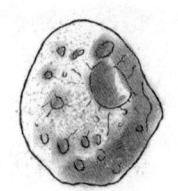

陨 石

是干燥义。"躁",本写作"趮",后改作足字旁,用脚走动表示好动,使人不安定、不冷静,如"躁动"。无论是走字旁还是足字旁,本是表示动作的疾,后由此引申指心情的急。成语"少安毋躁""戒骄戒躁"以及病例中的"急躁",都和心情有关,故均应用"躁"不用"燥"。为了帮助记忆,有人戏说"躁"字是急得跳脚,这是有道理的。

咂:令人咂舌/令人咋舌

【病例】低碳住宅的成本目前看来高得令人咂舌,但它是房地产未来发展的趋势。

【诊断】误读义混致误。

【辨析】"令人咂舌"应为"令人咋舌"。"咂"是动词,音zā,咂嘴,这是仔细品尝味道时的一种动作,一种神态。"咋"是一个多音字,有zǎ、zhā、zé多种读法。在"咋舌"一词中,"咋"的读音是zé,有咬的意思。"咋舌"就是咬住舌头,形容因惊讶、害怕而说不出话来。误读为zā,并误解为咂嘴,从而导致"令人咋舌"误为"令人咂舌"。这是出版物中的一个常见错误。

崭:展露头角/崭露头角

【病例】改革开放后培养的一批又一批大学生,现在

都已经找到了自己的舞台,在不同的岗位上展露头角。

【诊断】音同义混致误。

【辨析】"展露头角"应为"崭露头角"。"展"和"崭"读音均为zhǎn。"展",主要用作动词,有张开、施展、陈列等义项,如展示、展览、展销等。"崭"是形容词,义为高峻、突出,故其字从山。"崭露头角"出于韩愈的《柳子厚墓志铭》:"虽少年,已自成人,能取进士第,崭然见头角。""崭露"误为"展露",不能说不通,但存在两个问题:一是改变了定型词语的写法,这是不合适的;二是在表义上有明显的差别,"展露"是自我显露,"崭露"却是一种社会评价。

蘸:醮水/蘸水

【病例】桌子上依旧放着文件夹,醮水笔;文件夹平摊着,仿佛主人随时会来办公似的。

【诊断】形似致误。

【辨析】"醮水"应为"蘸水"。

蘸水笔

"醮"和"蘸"虽只是一个草头之差,但它们是形、音、义皆不同的两个字。"蘸",音zhàn,《说文》的解释是:"以物没水也。"指在液体或液状物中沾一下再离开。宋诗人徐俯在《春日游湖上》中写道:"双飞燕子几时回,夹岸桃花蘸水开。"这个"蘸"字便用得十分传神。"醮",音jiào,古代结婚时的一种仪式,举行时以酒敬神,故其字从酉。女子丧夫后再嫁称"再醮",意思是再举行一次醮礼。"蘸水笔"是一种蘸着墨水书写的文具,和"醮"毫不相干。

障:屏嶂/屏障

【病例】山上长满赤松、杉松、落叶松,莽莽苍苍的,是边防线上的一道屏嶂。

【诊断】音同形似致误。

【辨析】"屏嶂"应为"屏障"。"嶂"和"障"读音均为zhàng。"障"的本义是阻挡、隔断,如成语有"一叶障目"。引申指具有阻挡、隔断作用的东西,如路障、风障。所谓"屏障",本指屏风,这是室内的装饰物,具有阻隔视线的作用。也可泛指像屏风一样起遮蔽作用的东西,如高山是一道天然屏障。"屏"和"障"这两个语素,都有遮挡的意思。"嶂"义为"山之高险者",故其字是山字旁。这样的山当然也有屏障的特征,但习惯用作名词,不用作动词,如成语"层峦

叠嶂"。

蛰：蜇伏/蛰伏

【病例】这些人往往不露形迹，蜇伏一隅，其实却是胸怀绝技，千万不能怠慢。

【诊断】形似致误。

【辨析】"蜇伏"应为"蛰伏"。"蛰"，音zhé，本义指动物冬眠，藏在一处不吃不动。《说文》关于"蛰"的解释便是"藏也"。二十四节气中有"惊蛰"，就是到了这一节气，春天的雷声会惊醒冬眠中的动物。"蜇"是一个多音字，读音为zhē时，动词，指蜂、蝎等毒虫叮刺。读音为zhé时，指生活在海中的生物海蜇。海蜇属腔肠动物，身体是半球形，漂浮在海中像张开的伞，下半部有8个口腕，有叮吸的功能，故称海蜇。而所谓"蛰伏"，是形容冬眠的一种状态，也可引申指像冬眠一样巧妙隐身，尽力不引人注意。这和蜂、蝎蜇人不是一回事，也和"形如覆笠，常浮随水"的海蜇沾不上边，用"蜇"是说

海蜇

不通的。

鸩：饮鸩止渴/饮鸠止渴

【病例】市场竞争趋于白热化，不在产品质量上下功夫，热衷于打价格战，是无异于饮鸠止渴的。

【诊断】形似误读致误。

【辨析】"饮鸠止渴"应为"饮鸩止渴"。"鸩"，音zhèn，传说中的一种毒鸟；据说用这种鸟的羽毛泡酒，可以致人于死。成语"饮鸩止渴"或源于《后汉书》，其中的"鸩"便是指这种毒酒，这一成语常用来比喻只顾眼前的困难而不顾致命的后果。"鸠"，音jiū，指像鸽子一类的鸟，常见的有斑鸠、山鸠等。这种鸟的名声虽然也不算好，什么鸠形鹄面、鸠占鹊巢之类，但"毒鸟"的帽子是戴不上的。

振：震聋发聩/振聋发聩

【病例】一个自小瘫痪的残疾人，凭借自己的努力，创下了一个饲料王国。他的"人字应该怎样写"的演讲，充满了震聋发聩的力量。

【诊断】音同义混致误。

【辨析】"震聋发聩"应为"振聋发聩"。"振"和"震"的读音均为zhèn，两者又都可以表示动感，在使用中很容易混淆。但它们的区别，还是有迹可寻的。

"振",本义指摇动、挥动,故其字从手。引申可指振动、奋起。"震",本义是指雷霆,故其字从雨。引申可指撼动、颤动。由此可见:"振"的力度小,"震"的力度大;"振"多属主体行为,"震"则是被动引发;"振"是提振,使之奋发,"震"是震慑,使之害怕——两者的后果有积极和消极之分。成语"振聋发聩"中的"聋"和"聩",都是听力有障碍的人。所谓"振聋发聩",就是让聋聩之人也能听到声音,大受鼓舞,从而立志图强。这当然是"振"的结果而不是"震"的结果。

帧:装祯/装帧

【病例】这套书由名家装祯,用料并不高档,但显得相当别致,在书市一亮相便赢得喝彩。

【诊断】音近形似致误。

【辨析】"装祯"应为"装帧"。"帧",音zhèng,本指画幅,因用料多为绢,故其字从"巾"。绢张于竹格之上，犹如油画布张于木框之上，由此"帧"可引申作量词，一幅画可称一帧画。"祯"，音zhēn，为示字旁，《说文》的解释是"祥也"，指表示吉祥的符瑞，故多用于人名。"装帧"一词当和书画有关，但现已成为出版的专门用语，指对出版物形式的一种总体设计，包括封面、版式、插图、装订以及材料等等。从构词角度分析，"装帧"是动宾结构，"祯"显然不能作为"装"的对象。

栀：桅子花/栀子花

【病例】每到初夏，桅子开花，清香醉人，难怪古今文人对桅子花青睐有加。

【诊断】形似致误。

【辨析】"桅子花"应为"栀子花"。"栀"，音zhī，是个形声字。形符为"木"，表明属树木类。右边的"卮"为声符。"卮"，是古代盛酒的器皿。"栀"以"卮"为声符，和栀子的果实有关。栀子夏天开花，秋天结实，果实呈赤黄色，椭圆形，乍看上去像个小酒壶。"桅"，音wéi，形声字。"桅"即桅杆，是船上最高的标志物，开始由木制成，故以"木"为形符。声符"危"有高的意思，"危"上半部就是人站在山崖上，突出了高的形象，所以声符兼有表义作用。因"栀"和"桅"形似，"栀子花"常被误为"桅子花"。

职：各司其责/各司其职

【病例】元旦联欢会上,主持人、演员、乐队各司其责,无论是会场气氛,还是演出质量,都达到了圆满的效果。

【诊断】义混致误。

【辨析】"各司其责"应为"各司其职"。"司"在甲骨文中,为用汤匙进食形。古代主食者,具有极高的地位,故"司"引申出了掌握、管理、主持的意义。"职"和"责",一个指职务,一个指责任,两者有联系,但不是一回事。"司"可以和"职"搭配,所谓"各司其职",就是各人主持好自己的本职工作;"尽"可以和"责"搭配,所谓"各尽其责",就是各人承担起自己的责任。两者的搭配对象是不一样的。

趾：指高气扬/趾高气扬

【病例】王志林自以为是名牌大学的高才生,那种指高气扬的神情,让一起工作的同事深感厌恶。

栀子花

【诊断】音同致误。

【辨析】"指高气扬"应为"趾高气扬"。"趾"指脚或脚指头。所谓"趾高气扬",义为行走时脚抬得很高,架子搭得十足,形容高傲自大、得意忘形的样子。"趾"在这里指整个脚,不是脚指头,更不是手指头,所以不能写成"指高气扬"。

制:因地治宜/因地制宜

【病例】这家超市在中国,根据中国国情因地治宜,调整了自己的经营方式。

【诊断】音同义混致误。

【辨析】"因地治宜"应为"因地制宜"。"制",制定;"宜",适宜。所谓"因地制宜",就是根据各地不同的情况,制定适宜的措施。类似的说法有很多,比如,因人制宜、因时制宜等等,其中的"制"都是制定的意思。"治"的本义为治理,即整治和管理,无论是治国还是治校,治水还是治沙,"治"和后面的对象都能构成动宾关系。但"治宜"这一说法是不能成立的。

炙:灸手可热/炙手可热

【病例】三年以前,他买下了天辉大楼,开了一座娱乐城,成了当地威震一方、灸手可热的人物。

【诊断】形似致误。

【辨析】"灸手可热"应为"炙手可热"。"炙",音zhì,会意字,上面是肉,下面是火,本义即为以火烤肉。"灸",音jiǔ,形声字,从火,久声。中医的一种治疗方法。《说文》的解释是:"灸,灼也。"即用艾绒熏灼人体的穴位。此字古今同义。成语"炙手可热",意思是把手靠上去,手立即可以烤热,以此形容权势逼人。"灸手"是无法表达这层意思的。

州:九洲/九州

【病例】"月儿弯弯照九洲,几家欢乐几家愁",妈妈在月色之下,轻轻哼着古老的曲子。

【诊断】音同义混致误。

【辨析】"九洲"应为"九州"。"州",本义指水中陆地,《说文》说"水中可居者曰州"。传说大禹治水将中国分成九个区域,《书·禹贡序》说"禹别九州",于是"州"又用来指称行政区划。"州"的本义则另加三点水

针 灸

写作"洲"。"洲"可大可小,大的如欧洲、亚洲,小的如橘子洲、鹦鹉洲。"五洲"指的是水中陆地,要加三点水;"九州"是中国别称,不能加三点水。

胄:胃裔/胄裔

【病例】如果再不痛下决心,当机立断,必将乱我神州大局,误我炎黄胃裔,务请三思而行。

【诊断】形似误读致误。

【辨析】"胃裔"应为"胄裔"。"胄"的读音为zhòu,因为和"胃"形似,有人误读为wèi,从而误写为"胃"。从汉字历史来看,"胄"是由两个字演变而来的。一个是甲胄的"胄"。"胄",也叫兜鍪(dōu móu),是古代将士的头盔。开始的写法上面是个帽子,下面是代表眼睛的"目",当中的两横不和左右相连。另一个是贵胄的"胄",这是一个形声字。上面是声符"由";下面是形符代表肉的"月",当中的两横和左右相连。这个"胄"义为古代帝王或贵族的后代。由于甲胄的"胄"和贵胄的"胄"高度形似,后来就合二为一写成了今天的"胄"。"胄裔"义为子孙后代,用的就是贵胄的"胄",和"胃"风马牛不相及。

皱:绉纹/皱纹

【病例】虽然多年不见,老余除了额头上多了几条绉

纹外，依旧是那样充满活力。

【诊断】音同形似致误。

【辨析】"绉纹"应为"皱纹"。"绉"和"皱"的读音均为zhòu。"皱"，右面是个"皮"字，本指皮肤松弛引起的凹凸条纹，也可泛指物体表面因收缩搓弄产生类似皱纹的褶子。绞丝旁的"绉"为名词，指带有皱纹的纺织品，如绉布、绉纱、绉绸。引申义为纤细，形容人的谈吐举止文雅，如"文绉绉"。

铢：锱珠必较 / 锱铢必较

【病例】生活中总有一些男子，锱珠必较，寸步不让，心眼儿比针尖还小。

【诊断】音同致误。

【辨析】"锱珠必较"应为"锱铢必较"。"铢"，音zhū，金字旁。"锱"和"铢"均为古代的重量单位，"锱"是一两的四分之一，"铢"为一两的二十四分之一。可见，这是十分轻微的分量。把轻微的分量积累起来，那

鹦 鹉

是"铢积寸累";为轻微的分量相争不下,那便是"锱铢必较"。"珠",玉字旁,通常指珍珠,无论古今,都属贵重物品。"铢"误为"珠",便无法表达气量狭小的词汇意义。

麈:挥尘/挥麈

【病例】没想到沈家的书房,成了朋友们清谈之地,有人提议取名为"挥尘堂"。

【诊断】形似致误。

【辨析】"挥尘"应为"挥麈"。这里的"尘"是"麈"的误写。这显然和"尘"的繁体字"塵"有关。"塵",以鹿奔跑扬起的尘土会意。现简化为"尘",以小土飞扬表示尘埃。引申指行迹、踪迹,如望尘莫及、前尘往事、步人后尘等。"挥麈"误为"挥尘",就因为"麈"和"塵"极为相似。"麈",音zhǔ。本义为一种鹿类动物,它的尾巴比较大,尾毛可以做拂尘。拂尘是古时人们闲谈时用来掸拭尘埃驱赶蚊蝇的生活用具,有一个长柄,柄的一端绑着一缕麈毛或其他兽毛,也称"麈尾"。古人清谈时手拿麈尾后来成为时尚,麈尾也制作得越发讲究,成为名流雅器,不谈时也常拿在手上。"挥麈"于是成了文人雅士的特定形象。对于古人来说,"挥麈"是常见的,而今人却很陌生,于是就常常把"麈"当成"塵",又按例简化成"尘"。结果

"挥麈"便莫名其妙地成了"挥尘"。

炷：一柱香/一炷香

【病例】忙完了一天的活，陆婉就会在小几上点一柱香，然后泡一杯淡淡的绿茶犒劳自己。

【诊断】音同形似致误。

【辨析】"一柱香"应为"一炷香"。"炷"，本义指灯中的火苗、灯芯，现在多用作量词，凡点燃的香，都可以用"炷"来计量。"柱"，木字旁，名词，义为起支撑作用的柱子，如顶梁柱、偷梁换柱。又引申为像柱子一样的东西，如擎天柱、中流砥柱。"柱"一般不能用作量词。

疰：蛀夏/疰夏

【病例】"新装扛秤好称人，却喜今年重几斤"，写的是"立夏日称人，以防蛀夏"的民俗。

【诊断】音同致误。

【辨析】"蛀夏"应为"疰夏"。"蛀"和"疰"的读音均为zhù。蛀，本

麈

为名词，指蠹虫，故其字从虫；引申作动词，义为虫蚀。疰夏为中医用语，指一种病症，因在夏天或夏秋之交发病，故称疰夏；因系外感湿邪、内伤脾胃所致，又称湿阻。多见于青年女性或体弱儿童，症状主要为口干、纳滞、多尿，从而导致消瘦。我国民间有立夏称人的风俗，相传可保持体重，安度夏日。

笫：床第之私/床笫之私

【病例】夜幕降临，浏览街头书摊，发现前些日子泛滥的渲染床第之私的东西，明显有所收敛。

【诊断】形似致误。

【辨析】"床第之私"应为"床笫之私"。"第"和"笫"均从竹，但下半部分写法有别。"笫"，音zǐ，和"姊妹"的"姊"同一声符。"笫"本义为床上竹编的席子，所以又可作床的代称。"第"本指"以韦束物"，因为"束之不一"，便分出了次第。这是"第"的本义。"床"和"笫"联合构成"床笫"一词，常用来指闺房之内或夫妻之间的隐秘，这便是"床笫之私"。自古以来，没有"床第"一词。

恣：姿意妄为/恣意妄为

【病例】纪律是必不可少的，在一个集体里，任何人都不能姿意妄为，否则便无法保证正常秩序。

【诊断】音近形似致误。

【辨析】"姿意妄为"应为"恣意妄为"。"姿"和"恣"均为形声字。"恣",音zì,《说文》的解释是:"恣,纵也。"指主观上不加约束,如"恣情享乐""暴戾恣睢"。恣意妄为的"恣意",意思也是由着性子乱来。"姿",音zī,《说文》的解释是:"姿,态也。""姿态"一词,便是两个同义语素联合成词。也可特指容貌,多用于女性,如"国色天姿"。总之,姿是名词,恣是动词,只有"恣意"才会导致"妄为"。

纂:编纂/编篡

【病例】编写班子确定以后,立即开展市场调查,在充分把握读者需求以后,才正式进入编篡阶段。

【诊断】形似致误。

【辨析】"编篡"应为"编纂"。"纂",音zuǎn,形符为丝,本义指赤色的丝带。凡丝带皆按一定的规则编织而成,由此引申出编排整理的意思。

立夏称人图

所谓"编纂",既可指出版意义上的编辑,也可指写作意义上的撰修。"纂",音cuàn,形符为"厶"即古私字。《说文》的解释是:"逆而夺取曰篡。"古代多指臣子夺取君主的地位,也可指为了一己之私利、用作伪手段来改动文件或典籍。"纂"是中性词,"篡"是贬义词,在感情色彩上不能混为一谈。

坐:做月子/坐月子

【病例】做月子要讲科学保健,从分娩结束到产妇身体恢复孕前状态,一般需要6~8周。

【诊断】音同致误。

【辨析】"做月子"应为"坐月子"。"坐"是个会意字,"象二人对坐土上形"。《说文》的解释是:"坐,止也。"坐是一种止息方式。所谓"坐月子",是指妇女在生下孩子后一个月里休息和调养。"坐"是这一个月的主要任务。如果说"坐"是一种静态的话,"做"则是一种动态,指从事某种工作或活动。妇女生孩子已经付出极大的心力和体力,生下孩子后还要"做"一个月,显然不合情理。

坐:乘座/乘坐

【病例】自从地铁开通以后,城市交通的拥挤状况大为改观。本人原来乘座三条公交线路,如今地铁可以直达。

【诊断】音同义混致误。

【辨析】"乘座"应为"乘坐"。"坐"为会意字,由"土"和两个"人"组成。"土"代表一个具体的场所,两个"人"表现的是止息的方式。古代的"坐"和现在不同:两膝着席,臀部压在脚跟上。后来的"坐"泛指把臀部压在物体上以支持身体的一种姿势。"座"则是"坐"的后起分化字,它的本义指坐具,引申可指物体的基础部分或托底部分,如碗座、瓶座。"坐"是动词,"座"是名词。"乘坐"和坐车、坐船有关,自应用"坐"。由具体的坐引申出来的抽象的坐,如"坐机关""坐江山",也应用"坐"。

小篆"坐"

小篆"座"

笔画索引

二画

〔一〕

力：鼎立相助/鼎力相助　/119

三画

〔一〕

士：人仕/人士　/176
工：异曲同功/异曲同工　/061

〔丿〕

川：穿流不息/川流不息　/028
及：迫不急待/迫不及待　/082

〔一〕

已：不能自己/不能自已　/218
马：蛛丝蚂迹/蛛丝马迹　/134

四画

〔一〕

云：子曰诗雲/子曰诗云　/233
丐：夏丐尊/夏丐尊　/139
尤：怨天忧人/怨天尤人　/227

〔丿〕

手：额首称庆/额手称庆　/178
分：劳燕纷飞/劳燕分飞　/052
仓：仑库/仓库　/018

风：麻疯病/麻风病　/053

〔丶〕

计：空城记/空城计　/086

〔一〕

丑：醜角/丑角　/026

五画

〔一〕

世：人情事故/人情世故　/176
厉：再接再励/再接再厉　/120
龙：水笼头/水龙头　/129
平：凭添/平添　/154

〔丿〕

生：谈笑风声/谈笑风生　/174
印：心心相映/心心相印　/225
刍：雏议/刍议　/026

〔丶〕

讫：起迄/起讫　/159

〔一〕

发：美發廳/美髪廳　/048

六画

〔一〕

圮：倾圯/倾圮　/153

戍：戌边/戍边	/181	
成：相辅相承/相辅相成	/023	
邪：歪门斜道/歪门邪道	/206	

〔丨〕

乩：扶乱/扶乩 /080

〔丿〕

伎：技俩/伎俩	/086
份：分额/份额	/052
向：响往/向往	/204
后：皇天厚土/皇天后土	/074
合：凑和/凑合	/072
籴：油籴花生/油籴花生	/197
犷：粗旷/粗犷	/065

〔、〕

州：九洲/九州	/245
安：按装/安装	/002
讴：呕歌/讴歌	/147
诀：决窍/诀窍	/102

〔¬〕

异：意想天开/异想天开	/220
弛：松驰/松弛	/024
阱：陷井/陷阱	/097
妁：媒灼/媒妁	/182

七画

〔一〕

形：外型/外形	/208
扶：抚老携幼/扶老携幼	/055
抔：一杯黄土/一抔黄土	/156
抠：扣字眼/抠字眼	/106
扰：干挠/干扰	/170
抑：亦或/抑或	/221
投：走头无路/走投无路	/195
李：行礼箱/行李箱	/117
杨：水性扬花/水性杨花	/216
两：老俩口/老两口	/123
连：黄莲/黄连	/120
韧：发韧/发韧	/170

〔丨〕

里：故裏/故里	/118
里：鞭辟入理/鞭辟入里	/118
呕：沤心沥血/呕心沥血	/148
岐：芪黄/岐黄	/156

〔丿〕

佗：华陀/华佗	/198
囱：烟囟/烟囱	/029
坐：做月子/坐月子	/252
坐：乘座/乘坐	/252
犹：过尤不及/过犹不及	/228

〔、〕

亨：大享/大亨	/074
库：石窟门/石库门	/107

255

肓：病入膏肓/病入膏肓　/077
汽：气船/汽船　　　　/160
沧：苍桑/沧桑　　　　/019
忡：忧心冲冲/忧心忡忡　/024
〔丨〕
即：既使/即使　　　　/083
妨：防碍/妨碍　　　　/050
驱：长趋直入/长驱直入 /165

八画

〔一〕
青：亲睐/青睐　　　　/163
盂：孟兰盆会/盂兰盆会 /228
拣：挑肥捡瘦/挑肥拣瘦 /090
垆：当炉卖酒/当垆卖酒 /129
抱：报憾/抱憾　　　　/007
拨：拔冗/拨冗　　　　/013
拇：大姆指/大拇指　　/144
其：出奇不意/出其不意 /157
其：两全齐美/两全其美 /158
范：就犯/就范　　　　/049
杳：沓无音信/杳无音信 /217
刺：剌耳/刺耳　　　　/032
顷：倾刻/顷刻　　　　/164
轮：美仑美奂/美轮美奂 /131
〔丨〕

具：家俱/家具　　　　/102
果：食不裹腹/食不果腹 /067
明：名信片/明信片　　/142
咀：诅嚼/咀嚼　　　　/101
咋：咂舌/咋舌　　　　/236
帖：发贴/发帖　　　　/194
沓：一搭/一沓　　　　/035
〔丿〕
制：因地治宜/因地制宜 /244
秆：麦杆/麦秆　　　　/060
使：见风驶舵/见风使舵 /175
侩：市狯/市侩　　　　/108
佩：配戴/佩戴　　　　/151
佼：姣姣者/佼佼者　　/092
金：一诺千斤/一诺千金 /096
受：授权声明/受权声明 /179
肤：切腹之痛/切肤之痛 /053
股：悬梁刺骨/悬梁刺股 /062
炙：灸手可热/炙手可热 /244
〔丶〕
变：节哀顺便/节哀顺变 /012
庖：越俎代疱/越俎代庖 /150
券：入场卷/入场券　　/167
炕：坑席/炕席　　　　/104
泠：西冷印社/西泠印社 /126
泻：上吐下泄/上吐下泻 /207

怦：砰然心动/怦然心动 /152
郎：法朗/法郎 /115
诙：恢谐/诙谐 /078
袄：袄教/袄教 /203
诠：铨释/诠释 /166
洵：欧阳洵（询） /213
诣：苦心孤脂/苦心孤诣 /222

〔一〕

驸：附马/驸马 /056
绌：相形见拙/相形见绌 /028
绎：演译/演绎 /222

九画

〔一〕

帮：四人邦/四人帮 /005
玷：坫污/玷污 /041
荥：荣阳/荥阳 /208
栀：桅子花/栀子花 /242
砭：针贬/针砭 /011
鸦：信手涂鸭/信手涂鸦 /214

〔丨〕

览：一揽表/一览表 /114
省：反醒/反省 /209
昧：素味平生/素昧平生 /135
是：各行其事/各行其是 /178
眈：虎视耽耽/虎视眈眈 /038

昴：昂星/昴星 /134
胄：胃裔/胄裔 /246
炭：木碳/木炭 /191
帧：装祯/装帧 /241

〔丿〕

拜：甘败下风/甘拜下风 /004
竽：滥芋充数/滥竽充数 /229
笈：负芨/负笈 /084
贷：严惩不怠/严惩不贷 /036
待：以逸代劳/以逸待劳 /035
徇：循私/徇私 /212
箭：明枪暗剑/明枪暗箭 /091
胫：不径而走/不胫而走 /098

〔丶〕

度：渡假村/度假村 /046
弈：奕棋/弈棋 /223
迷：谜宫/迷宫 /136
炼：锻练/锻炼 /122
烁：闪灼其词/闪烁其词 /183
炮：如法泡制/如法炮制 /150
炷：一柱香/一炷香 /249
炫：眩耀/炫耀 /212
浃：汗流夹背/汗流浃背 /088
洽：融恰/融洽 /161
询：欧阳洵/欧阳询 /213
济：挤挤一堂/济济一堂 /087

恃：有持无恐/有恃无恐 /177
宣：渲泄/宣泄 /210
冠：官盖相望/冠盖相望 /065
衲：老纳/老衲 /146
袂：联抉/联袂 /136
鸩：饮鸠止渴/饮鸩止渴 /240

〔一〕

既：一如继往/一如既往 /087
陨：殒落/陨落 /234
络：脉胳/脉络 /133

十画

〔一〕

振：震聋发聩/振聋发聩 /240
捍：悍卫/捍卫 /069
耆：蓍宿/耆宿 /158
荼：如火如茶/如火如荼 /197
桂：贵冠/桂冠 /066
栓：血拴/血栓 /181
砥：坦荡如坻/坦荡如砥 /040
砣：秤陀/秤砣 /199
殊：孰不知/殊不知 /180
毖：惩前毙后/惩前毖后 /008

〔丨〕

圆：园圈/圆圈 /231
赃：脏款/赃款 /234

骇：言简意骸/言简意骇 /058

〔丿〕

铄：众口砾金/众口铄金 /183
笫：床第之私/床笫之私 /250
倚：依马可待/倚马可待 /219
候：侯车室/候车室 /075
躬：事必恭亲/事必躬亲 /061
脍：烩炙人口/脍炙人口 /108
皱：绉纹/皱纹 /246

〔丶〕

凌：零晨/凌晨 /127
凇：雾淞/雾凇 /185
挛：痉挛/痉挛 /131
亳：毫州/亳州 /014
疰：蛀夏/疰夏 /249
衮：兖兖诸公/衮衮诸公 /066
恣：姿意妄为/恣意妄为 /250
竞：竟技/竞技 /099
阄：抓阉/抓阄 /100
涂：生灵屠炭/生灵涂炭 /196
涣：焕然冰释/涣然冰释 /076
宵：肖小/宵小 /204
袒：坦胸露臂/袒胸露臂 /190

〔一〕

祟：鬼鬼崇崇/鬼鬼祟祟 /187

十一画

(一)

彗：慧星/彗星　　　　　/078
描：扫瞄/扫描　　　　　/140
掉：吊书袋/掉书袋　　　/042
壶：壶奥/壸奥　　　　　/110
职：各司其责/各司其职　/243
萝：罗卜干/萝卜干　　　/132
菅：草管人命/草菅人命　/089
萧：肖山/萧山　　　　　/205
匮：馈乏/匮乏　　　　　/109
副：一幅对联/一副对联　/057
戛：嘎然而止/戛然而止　/088
雪：报仇血恨/报仇雪恨　/212

(丨)

晨：寥若辰星/寥若晨星　/022
趺：跌坐/趺坐　　　　　/054
趾：指高气扬/趾高气扬　/243
啰：罗唆/啰唆　　　　　/132
啕：嚎淘/嚎啕　　　　　/192
崭：展露头角/崭露头角　/236

(丿)

铢：锱珠必较/锱铢必较　/247
矫：娇揉造作/矫揉造作　/093
偿：得不尝失/得不偿失　/021
徙：迁徒/迁徙　　　　　/202
舶：泊来品/舶来品　　　/014
脚：挖墙角/挖墙脚　　　/094

(丶)

旋：弦律/旋律　　　　　/211
断：肝肠寸段/肝肠寸断　/046
清：山青水秀/山清水秀　/163
渔：竭泽而鱼/竭泽而渔　/230
涵：含泳/涵泳　　　　　/068
掂：掂挂/惦挂　　　　　/042
惮：肆无忌弹/肆无忌惮　/039
谗：馋言/谗言　　　　　/020
谛：真缔/真谛　　　　　/041

(一)

隍：城皇庙/城隍庙　　　/077
婢：奴颜卑膝/奴颜婢膝　/008
绯：诽闻/绯闻　　　　　/050
绵：丝棉/丝绵　　　　　/138

十二画

(一)

揖：开门楫盗/开门揖盗　/218
博：赌搏/赌博　　　　　/015
蛰：蜇伏/蛰伏　　　　　/239
联：连席会议/联席会议　/121
募：招幕/招募　　　　　/145
葺：修茸/修葺　　　　　/160

棵：一颗树/一棵树 /105
粟：沧海一栗/沧海一粟 /186
厨：橱房/厨房 /027
辍：缀学/辍学 /031

〔丨〕

斐：文采蜚然/文采斐然 /051
赏：欣尝/欣赏 /173
睑：眼脸/眼睑 /090
鼎：大名顶顶/大名鼎鼎 /045
蛳：炒螺丝/炒螺蛳 /184
喑：万马齐暗/万马齐喑 /224
喙：不容置啄/不容置喙 /079

〔丿〕

嵇：稽康/嵇康 /080
皓：浩月当空/皓月当空 /072
颖：临颖/临颖 /226
觚：率尔操瓢/率尔操觚 /062

〔丶〕

敦：温柔钝厚/温柔敦厚 /047
竣：峻工/竣工 /104
阕：一阙歌/一阕歌 /167
遂：顺逐/顺遂 /188
湎：沉缅/沉湎 /140
愣：发楞/发愣 /116
窜：抱头鼠蹿/抱头鼠窜 /033

〔一〕

骛：好高鹜远/好高骛远 /200

十三画

〔一〕

瑕：洁白无暇/洁白无瑕 /202
搏：脉膊/脉搏 /016
鼓：一股作气/一鼓作气 /063
鹊：声名雀起/声名鹊起 /168
蓝：兰天白云/蓝天白云 /113
椿：椿树/椿树 /030
慨：气慨/气概 /059
赖：死皮癞脸/死皮赖脸 /112
零：另售/零售 /127
辐：幅射/辐射 /056
辑：编缉/编辑 /084

〔丨〕

频：视屏/视频 /154
龄：年令/年龄 /128
鉴：签赏/鉴赏 /092
雎：关关雎鸠/关关雎鸠 /100
暄：寒喧/寒暄 /210
跻：挤身/跻身 /081

〔丿〕

筹：一愁莫展/一筹莫展 /025
牒：通谍/通牒 /044
遥：摇控/遥控 /216

颌：颌联/颔联 /069
肄：肆业/肄业 /224
〔、〕
阖：阁家/阖家 /073
源：世外桃园/世外桃源 /232
源：左右逢缘/左右逢源 /232
滥：陈词烂调/陈词滥调 /115
溯：追朔/追溯 /186
粱：黄梁美梦/黄粱美梦 /123
慑：震摄力/震慑力 /174
窠：不落巢白/不落窠白 /106
裨：稗益/裨益 /009
〔一〕
障：屏嶂/屏障 /238
叠：重迭/重叠 /043

十四画

〔一〕
碧：金壁辉煌/金碧辉煌 /010
截：直接了当/直截了当 /094
榖：谷树皮/榖树皮 /064
蔑：篾视/蔑视 /141
蔽：蒙敞/蒙蔽 /010
蔼：和霭/和蔼 /001
兢：竞竞业业/兢兢业业 /096
厮：撕杀/厮杀 /184

磋：切蹉/切磋 /034
〔｜〕
雌：信口齿黄/信口雌黄 /031
暧：暖昧/暧昧 /002
蜡：打腊/打蜡 /111
蝉：貂婵/貂蝉 /020
〔丿〕
箕：其踞/箕踞 /082
儆：以敬效尤/以儆效尤 /098
槃：涅磐/涅槃 /149
〔、〕
瘙：搔痒病/瘙痒病 /171
粹：精萃/精粹 /033
蜜：密月/蜜月 /138
寥：廖廖无几/寥寥无几 /124
〔一〕
嫡：谪亲/嫡亲 /039

十五画

〔一〕
耦：藕合/耦合 /148
霄：九宵/九霄 /206
〔｜〕
题：金榜提名/金榜题名 /193
暴：自抛自弃/自暴自弃 /007
瞑：暝目/瞑目 /142

墨：默守成规/墨守成规 /144
〔丿〕
镑：镑秤/磅秤 /006
篑：功亏一溃/功亏一篑 /110
〔丶〕
摩：观摹/观摩 /143
瘠：贫脊/贫瘠 /085
糅：揉合/糅合 /171
潸：潜然泪下/潸然泪下 /172
澈：清沏/清澈 /022
谴：遣责/谴责 /162
〔一〕
戮：杀戳/杀戮 /130

十六画

〔一〕
撼：震憾/震撼 /070
蘋：青萍/青蘋 /155
薄：单簿/单薄 /016
檖：炒木须/炒木檖 /201
赝：膺品/赝品 /215
〔丨〕
曈：曈瞳日/曈曈日 /195
〔丿〕
篷：帐蓬/帐篷 /152
滕：黄滕酒/黄滕酒 /193

〔丶〕
斓：斑烂/斑斓 /113
麈：挥尘/挥麈 /248
濒：频临/濒临 /012
〔一〕
缭：撩边/缭边 /162

十七画

〔一〕
璨：璀灿/璀璨 /018
戴：带袖章/戴袖章 /037
戴：感恩载德/感恩戴德 /037
罄：磬竹难书/罄竹难书 /165
藉：狼籍/狼藉 /095
薹：蒜苔/蒜薹 /189
檐：帽沿/帽檐 /215
〔丨〕
瞭：了望/瞭望 /125
蹊：另辟溪径/另辟蹊径 /200
赡：瞻养/赡养 /173
〔丿〕
黏：粘度/黏度 /146
繁：删烦就简/删繁就简 /048
〔丶〕
邃：深邃/深邃 /189
〔一〕

擎：巨擎/巨擘　　　　　/017

十八画
〔一〕
鳌：独占鳌头/独占鳌头　/004
覆：天翻地复/天翻地覆　/058
〔丨〕
蹚：淌过河去/蹚过河去　/191

十九画
〔丶〕
靡：萎糜不振/萎靡不振　/137
羸：赢弱/羸弱　　　　　/116
瀚：浩翰/浩瀚　　　　　/071

二十画
〔一〕
攘：熙熙嚷嚷/熙熙攘攘　/169
〔丨〕
矍：　铄/矍铄　　　　　/103
躁：暴燥/暴躁　　　　　/235
〔丿〕
纂：编篡/编纂　　　　　/251

二十一画
〔丨〕

黯：暗然泪下/黯然泪下　/003

二十二画
〔一〕
蘸：醮水/蘸水　　　　　/237

二十三画
〔丶〕
麟：凤毛鳞角/凤毛麟角　/125

263

图书在版编目（CIP）数据

常见别字辨析手册 / 楚山孤著. -- 上海：上海文化出版社，2019.1（2021.3重印）
ISBN 978-7-5535-1227-3

Ⅰ. ①常… Ⅱ. ①楚… Ⅲ. ①汉字－错别字－辨别－手册 Ⅳ. ①H124.1-62

中国版本图书馆CIP数据核字(2018)第255051号

常见别字辨析手册
楚山孤 著

责任编辑：	晓 蓓
装帧设计：	何明捷 老兔
插 图：	何明捷
出 版：	上海文化出版社 上海咬文嚼字文化传播有限公司
地 址：	上海绍兴路7号2楼
发 行：	上海文艺出版社发行中心发行 上海市绍兴路50号
印 刷：	上海文艺大一印刷有限公司
规 格：	787×1092 1/32
印 张：	8.75
版 次：	2019年1月第1版 2021年3月第6次印刷
书 号：	ISBN 978-7-5535-1227-3/H•026
定 价：	38.00元

告读者：如发现本书有质量问题，请与印刷厂质量科联系
电 话：021-57780459